# 互联网金融安全及其风险防控体系研究

HULIANWANG JINRONG ANQUAN
JIQI FENGXIAN FANGKONG TIXI YANJIU

李伟平 著

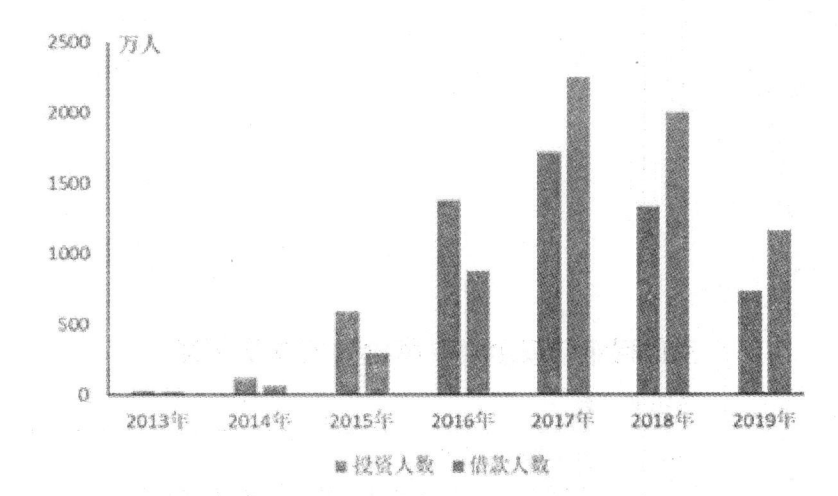

河北科学技术出版社

### 图书在版编目（CIP）数据

互联网金融安全及其风险防控体系研究／李伟平著. －－石家庄：河北科学技术出版社，2021.10（2023.3重印）
ISBN 978－7－5717－0985－3

Ⅰ．①互… Ⅱ．①李… Ⅲ．①互联网络－金融风险防范－研究 Ⅳ．①F830.9

中国版本图书馆CIP数据核字（2021）第204674号

### 互联网金融安全及其风险防控体系研究

李伟平　著

| 出版发行 | 河北科学技术出版社 |
|---|---|
| 地　　址 | 石家庄市友谊北大街330号（邮编：050061） |
| 印　　刷 | 河北万卷印刷有限公司 |
| 开　　本 | 787mm×1092mm　1/16 |
| 印　　张 | 8.75 |
| 字　　数 | 202千字 |
| 版　　次 | 2021年10月第1版 |
| 印　　次 | 2023年3月第2次印刷 |
| 定　　价 | 56.00元 |

# 摘 要

近年来，我国互联网金融行业快速发展，逐渐形成以P2P网络借贷、互联网支付、互联网众筹、互联网理财、互联网保险和网络银行为主要业态，用户和资金规模急剧增长的现状。但是，在快速发展的同时，也暴露出巨大风险，造成了众多投资人巨额损失，引起了社会广泛关注。研究互联网金融存在哪些风险隐患，如何建立健全风险防控体系，指导互联网金融行业健康发展势在必行。

本书包括五个方面的内容。首先从国内外研究现状入手，从互联网金融的概念界定、主要运行模式、作用影响、风险监管等角度对国内外文献进行了综述，重点梳理了国内学者对互联网金融风险的研究。之后对我国六类主要互联网金融业态现状、特征和风险进行详细分析论证，得出我国互联网金融未来发展趋势为行业集中度提高、产业链升级、监管能力提高等五大发展趋势。以此为基础，本书建立了基于用户基本信息、用户资产、用户贷款情况、第三方数据BP网络模型，对互联网金融风险进行量化和识别，风险传导方式和路径建立复杂网络模型进行研究。研究结果表明，不同个体共享更多用户则意味着更深的耦合与潜在的用户恐慌扩散，同时互联网金融平台的业务运营、同行拆借、投资等行为导致内生耦合性，该耦合性同样可能在市场发生风险时成为迅速扩散的直接媒介。最后，结合研究得到的结论，书中针对我国互联网金融主要业态风险，提出监管制度法律化、构建国家监管平台、加强投资者教育等相应的风险防控体系建设的政策建议。

**关键词**：互联网金融，模型，风险，监管

# Abstract

In recent years, the rapid development of China's Internet financial industry has gradually formed peer to peer lending (P2P) network lending, Internet payment, Internet crowdfunding, Internet finance, Internet insurance and Internet banking as the main business forms, and the scale of users and funds has increased dramatically. However, at the same time as the explosive development, the industry exposed huge risks, resulting in huge losses for many investors and drawing widespread social attention. It is imperative to study what hidden risks exist in Internet finance, how to establish and improve a risk prevention and control system to guide the healthy development of the Internet finance industry.

This research included five parts. First of all, starting from the current research situation at home and abroad, this research summarized the literature in domestic and foreign from the perspectives of the definition of Internet finance, the main operating modes, the effects, and the supervision of Internet financial risk, etc. , and focused on the research of domestic scholars on Internet financial risks. Secondly, the current status, characteristics and risks of the six major types of Internet finance in China were analyzed and demonstrated in detail, and the future development trends of China's internet finance were analyzed as five major development trends, such as the improvement of industry concentration, the upgrading of industrial chain, and improvement of regulatory capacity. Furthermore, based on this, the research established a BP network model to quantify and identify Internet financial risks based on user basic information, user assets, user loans, and third-party data. Meanwhile, a complex network model was set up to study the risk transmission mode and paths. Additionally, the results showed that sharing more users with different individuals means deeper coupling and potential spreading of user panic. At the same time, the endogenous coupling caused by business operations, peer lending, and investment of Internet financial platforms may also become a direct medium of rapid diffusion when risks arise. Finally, in light of the conclusions drawn from the research, the study proposed policy recommendations for legalization of the regulatory system, construction of the national regulatory platform, the strengthening of investor education and other corresponding risk prevention and control systems for main risks of Internet finance in China.

**Keywords**: Internet financial, model, risk, supervision.

# 目 录

1 引言 (1)
  1.1 研究背景 (1)
  1.2 选题意义 (2)
  1.3 核心概念 (2)
  1.4 研究目标、内容及创新点 (6)
    1.4.1 研究目标及内容 (6)
    1.4.2 创新点 (6)
  1.5 技术路线及组织结构 (6)

2 研究综述 (8)
  2.1 国外研究综述 (8)
  2.2 国内研究综述 (9)
  2.3 小结 (10)

3 我国互联网金融发展现状、特征、风险 (12)
  3.1 我国互联网金融的主要业态与风险状况 (12)
    3.1.1 网络借贷的现状与风险分析 (12)
    3.1.2 互联网支付的现状与风险分析 (32)
    3.1.3 众筹的现状与风险分析 (36)
    3.1.4 互联网理财的现状与风险分析 (45)
    3.1.5 互联网保险的现状与风险分析 (55)
    3.1.6 网络银行的现状与风险分析 (65)
  3.2 我国互联网金融发展的趋势 (82)
    3.2.1 互联网金融行业集中度提高 (82)
    3.2.2 互联网金融全产业链发展升级 (83)
    3.2.3 互联网金融监管能力提高 (83)
    3.2.4 互联网金融的跨界融合加剧 (84)
    3.2.5 互联网征信体系建设加快 (85)

4 互联网金融风险识别、量化与扩散模式研究 (86)
  4.1 基于数据挖掘技术的互联网金融风险识别 (86)
    4.1.1 互联网金融风险分析方法 (86)
    4.1.2 互联网金融风险量化及风险评价模型的构建 (87)

## 5 我国互联网金融安全的典型问题与风险分析 …………………………………（90）
### 5.1 我国互联网金融安全问题 …………………………………………（90）
### 5.2 我国互联网金融风险分析 …………………………………………（90）

## 6 我国互联网金融风险防控体系构建 …………………………………………（94）
### 6.1 网络借贷风险防控 …………………………………………………（94）
### 6.2 互联网支付的风险防控 ……………………………………………（97）
### 6.3 众筹的风险防控 ……………………………………………………（105）
### 6.4 互联网理财的风险防控 ……………………………………………（108）
### 6.5 互联网保险的风险防控 ……………………………………………（111）
### 6.6 网络银行的风险防控 ………………………………………………（117）
### 6.7 我国互联网金融风险防控体系构建 ………………………………（120）

## 7 研究结论 ………………………………………………………………………（125）
## 参考文献 …………………………………………………………………………（126）
## 致谢 ………………………………………………………………………………（131）

# 1 引　言

## 1.1 研究背景

从世界范围看，互联网金融的兴起和发展是传统金融业和互联网科技发展到一定程度的产物。自20世纪90年代中期诞生于美国开始，欧美等国的互联网金融取得了飞速的发展，欧美等国较为完善的监管治理机制和法律法规是保障互联网金融快速发展的重要基础。我国互联网金融起步晚，虽然发展较为迅速，但相关法律建设较滞后，体系不健全，责任不明晰，因此，我国互联网金融的发展面临着较多的挑战和压力（见表1-1）。

表1-1 互联网金融问题缘起和研究原因

| 问题缘起和研究原因 | 具体表现 |
| --- | --- |
| 问题缘起 | 互联网金融发展迅速，已成各国发展重点和趋势 |
| 研究原因之一 | 欧美互联网金融发展较成熟国家：风险高而管理弱 |
| 研究原因之二 | 中国互联网金融发展起步晚：探索中国监管体系 |
| 研究原因之三 | 培育中国经济增长新的增长点：挑战多而潜力大 |

欧美地区互联网金融发展较为成熟，但面临的问题依然是风险高而管理弱。在欧美发达国家，互联网金融主要发展形成了六种模式，分别是网络借贷、互联网支付、众筹、互联网理财、互联网保险和网络银行。虽然欧美金融监管体系相对完善，但是，互联网金融自身所具备的风险高发性和不确定性等因素，使得欧美仍然面临着较为严峻的互联网金融风险的威胁。风险高而管理较弱仍然是互联网金融发展面临的一大挑战。

我国互联网金融发展起步较晚，监管体系并不十分完善，加之我国互联网金融领域法律法规建设滞后，互联网金融风险在我国表现得尤为突出。因此，结合探索出适合我国当前发展的互联网金融监管体系就显得尤为重要。

积极发展互联网金融能培育中国经济增长新的增长点，虽然挑战多，但是潜力很大。面临的挑战主要表现为：在法律建设方面较为滞后，互联网金融行业缺乏相应的法律法规和行业自律准则；在监管主体方面，监管机构较多，监管责任划分不够明确，监管效率和质量低下，但监管成本却节节攀升；在市场准入门槛方面，我国缺乏较为完善的市场准入机制，互联网金融行业中各个企业的信誉、能力和发展状况都有较大区别，风险较高。因此，需要更好的规范市场，促进互联网金融行业整体的进步和发展，使其成为我国经济新的增长点。

所以，中国互联网金融研究原因与问题缘起主要有三个方面，一是互联网金融风险高而目前管理能力较弱，二是需要探索符合中国国情的互联网金融风险防控体系，三是互联网金融能为中国经济增长提供新的增长点。总之，互联网金融的发展对中国实体经济的良性发展利大于弊，研究互联网金融安全及其风险防控体系有助于中国互联网金融行业的健康发展。

## 1.2 选题意义

当前，世界经济正在发生重大而深刻的革命，科技和创新日益成为国际竞争的主导因素，科学技术加速向传统金融业渗透，并不断衍生出全新的金融产品和服务，使得互联网金融行业成为一个国家和地区经济增长中最具创新和活力的战略型产业，进而成为推动国家和地区经济飞速发展的重要力量。要在经济增长减速的"新常态"环境下启动经济增长新的引擎，更好地服务实体经济的发展，利用互联网金融的科技和创新优势，更全面地拥抱实体经济，有助于增加我国经济增长新的增长点，增强我国整体经济的抗风险能力。

目前，我国的互联网金融还处于刚刚起步却迅速发展的阶段，互联网金融的运营模式，产品服务的提供，法律法规的建设，监管体系的构建也逐步从不太成熟到成熟的完善进程之中，研究互联网金融安全问题并完善风险防控体系，符合我国当前互联网金融发展的实际情况，具有较大的研究意义。首先，"互联网＋"战略的提出，发展的环境和政策导向有了较好的保障，互联网金融发展的实践需要有丰富可靠的理论作为支撑，因此，提出对互联网金融风险防控体系的构建具有十分重大的研究意义；其次，我国当前互联网金融的发展面临着较为严峻的安全形势，具体表现为风险频发和监管责任的缺失，因此，基于实证分析的结果提出对互联网金融风险防控体系的构建极具研究价值，同时，也符合我国当前的实际需要；再次，互联网金融的发展是科技革命的产物，大力发展互联网金融是发展经济的需要，互联网金融通过对支付和交易方式的创新，极大地激发了市场消费的潜能，有利于我国经济发展结构的调整和产业的优化升级，对互联网金融的研究也是未来发展的需要。

## 1.3 核心概念

互联网金融将金融和互联网这两个领域紧紧地联系在一起，创造出一种全新的经济领域，对传统金融领域产生了深刻的影响，激励着传统金融领域革新，改变了传统的金融格局，同时也对人们的生活方式具有颠覆性的影响，改变了人们传统的思维观念。了解金融和互联网的概念，将更有利于认识互联网金融的本质。

**一、金融的概念**

传统的金融就是与人们生活息息相关的货币供给，主要包括传统银行和非银行金融机构，如证券机构、保险公司、期货市场等。互联网科技在传统金融领域的运用为经济增长带来了新的增长点。互联网用户的增加带来了互联网经济市场的快速增长，根据预测，截至2022年末，中国网络经济市场规模将达到8.4万亿元。（如图1-1所示）

图中数据:
- 2015: 18599.4, 51.5%
- 2016: 24468.0, 31.6%
- 2017: 34095.4, 39.3%
- 2018: 44331.2, 30.0%
- 2019: 53774.2, 21.3%
- 2020: 62497.1, 16.2%
- 2021e: 73428.3, 17.5%
- 2022e: 84534.3, 15.1%

注释：①网络经济营收规模指基于经营互联网相关业务产生的企业收入规模之和，覆盖网络媒体、文化娱乐、消费生活、互联网金融、在线教育、在线医疗、交通服务、企业服务等核心互联网赛道；②网络经济营收规模统计口径为企业营收(非交易规模)，包括互联网广告、用户付费、服务佣金等多种收入模式。
来源：综合企业财报及专家访谈，根据艾瑞统计模型核算。

**图 1-1　中国网络经济市场规模及预测情况**

如图 1-1 所示，根据中国网络经济市场规模及未来发展预测所示，统计的数据包括 2015-2020 年 6 年的已知数据和此后 2 年的预测数据。从整体趋势上来看，中国网络经济规模逐年增长，而且增长幅度较大，网络经济规模的绝对值从 2015 年的 18599.4 亿元达到 2020 年的 62497.1 亿元，并预计在 2022 年网络经济规模更会是达到 8.4 万亿元。从增长率来看，2015 年网络经济的增长率达到 51.5%，2015 年以后逐年呈下降趋势，但都基本保持在 20% 以上的较高增速。这既是中国网络经济发展不断趋于成熟的表现，也说明了中国网络经济市场发展仍有巨大的空间和潜力。

**二、互联网的概念**

简单地说，互联网是局域网络之间通过通用协议进行串联然后覆盖整个世界的网络，即是互相连接在一起的网络。通过互联网，人们只需通过手指敲击键盘便可以迅速掌握不同地方的经济信息，关注各地的经济走势甚至金融业务微小的变化，迅速反应做实时交易。互联网金融的兴起与发展其实就是互联网络在传统金融行业的运用，了解互联网科技与互联网络有助于理解互联网金融的本质。互联网金融所应用的互联网技术可以概括为搜索引擎 + "云大物移智链"（见表 1-2）。

**表 1-2　用于互联网金融领域的互联网技术特点**

| 技术名称 | 技术特点 |
| --- | --- |
| 搜索引擎 | 缩短信息获取的速度，提高效率 |
| 云计算技术 | 提高对数据处理能力和储存能力 |
| 大数据 | 数据分析和挖掘能力，提高信息使用质量 |
| 物联网技术 | 解决物品与物品、人与物品、人与人之间的互联，增加金融应用场景 |
| 互联网移动技术 | 打破时间、空间限制 |
| 人工智能（AI） | 快速高效处理信息，快速制定解决方案 |
| 区块链技术 | 去中心化，公开透明、可以追溯、不可篡改等特性解决行业痛点 |

如表1-2所示，互联网金融领域与互联网科技有着密切的关系，包括互联网技术的搜索引擎、云计算技术、大数据、物联网、互联网移动、人工智能和区块链技术等都在互联网金融领域有着广泛应用。搜索引擎极大地缩短了信息获取的速度，提高了效率；云计算技术提高了对数据处理和存储的能力；大数据则提高了对数据的处理和挖掘能力；物联网实现了万物皆可联，增加金融应用场景；互联网移动技术则打破了传统的时间和空间限制；人工智能则能快速高效处理信息，快速制定解决方案；区块链技术去中心化的特点，使其具有不可伪造、可以追溯、公开透明、集体维护等特征。总之，互联网科技在金融领域的运用，促使互联网金融这一行业取得长足发展，为经济增长带来了新的引擎。

### 三、互联网金融的概念

互联网金融是国内对互联网与金融结合模式的特有称谓，国内认为互联网金融是借助于互联网技术、移动通信技术实现资金融通、支付和信息中介等业务的新型金融模式，是互联网技术和金融功能的有机结合。中国人民银行发布的《中国金融稳定报告》(2014)称："广义的互联网金融既包括作为非金融机构的互联网企业从事的金融业务，也包括金融机构通过互联网开展的业务；狭义的互联网金融仅指互联网企业开展的、基于互联网技术的金融业务。"从实践来看，国内的"互联网金融"既涵盖金融机构的"金融＋互联网"模式，也涵盖互联网企业的"互联网＋金融"模式。广义互联网金融定义下中国互联网金融行业发展情况详见表1-3。

表1-3 中国互联网金融市场规模

| 大类别 | 小类别 | 2014年规模（亿元） | 2018年规模（亿元） | 复合年增长率（%） |
|---|---|---|---|---|
| B2B电子商务 | 中小企业B2B | 61 358.6 | 116 627.3 | 17.4 |
|  | 大企业B2B | 28 782.6 | 42 140.1 | 10 |
| 网络购物 | 移动+PC | 28 145.1 | 73 000 | 26.9 |
|  | 移动网络购物 | 9297.1 | 45 039.7 | 48.4 |
|  | PC网络购物 | 18 848 | 27 960.7 | 10.4 |
| 在线旅游 | 在线机票 | 1607.3 | 3250 | 19.2 |
|  | 在线酒店 | 636.1 | 1620 | 26.3 |
|  | 在线度假 | 426.5 | 1286.7 | 31.8 |
| O2O | 餐饮O2O | 941.9 | 2127.3 | 22.6 |
|  | 休闲娱乐O2O | 660 | 1521.5 | 23.2 |
|  | 婚庆O2O | 45.2 | 227.1 | 49.7 |

如表1-3所示，中国互联网金融市场发展迅速，从业务模式来分，主要包括B2B电子商务、网络购物、在线旅游和O2O服务等。在线旅游和O2O服务目前规模较小，但是从年均复合增长率来看，O2O和网络购物在未来都增速较高，可达到30%以上。

互联网金融的发展是建立在一定的理论基础上的，其理论基础主要包括下述几种：

（1）交易成本理论。交易成本理论是指交易各参与方，为了获取交易信息，达成交易合同和协议，付出的必要的时间、人力和经济成本的总和。交易成本的一个重要来源就是信息不对称。互联网金融运用信息技术在很大程度上促进公平透明的交易环境，降低监督成本且最大程度地减少与交易达成无关的服务成本。

（2）平台经济理论。平台经济理论与市场理论最大的区别在于平台具有网络效应，即平台上的用户越多，平台价值和用户黏度越高，平台凭借此种黏性赚取差价或者佣金。平台经济理论对互联网金融的发展极为有利，主要体现在：从边际价值的角度，传统经济的规模效应是指随着规模的扩张，边际成本减少，边际价值增加；平台经济随着规模的扩大，边际成本减少，边际效用增加，边际价值更大程度的增加。

（3）普惠金融理论。普惠金融理论通过互联网金融的具体体现就是开放、平等、协作、分享，互联网金融理论的出现正是弥补了传统金融业的不足，普惠金融理论的出现体现了广大小额贷款者的需求和愿景，这才真正让金融走进了千家万户，普通的消费者也可以享受到商业银行提供的金融产品和服务。

总之，互联网金融作为一种新型金融模式，极大地增强了社会经济的弹性，极大地增加了经济进一步发展的潜力，也极大地释放了消费者巨大的消费潜力，服务着整个社会实体经济的发展和完善。正因为如此，互联网金融才更为广大的消费者和投资者所接受，也被政府视为新的经济增长点和增长潜力，它深刻地影响着人们生活方式、经济变革趋势、国家科技进步、国家综合实力的提升等诸多方面。

**四、金融的互联网与互联网的金融**

互联网的金融和金融的互联网本来就是一对共同体，它们的不同之处在于实施的主体不同、交易的平台不同和提供的产品服务不同。金融的互联网实施的主体仍然是传统的金融机构和企业，可以看作是金融企业业务的互联网化；互联网的金融的实施主体是新兴的互联网企业，它们具有互联网技术优势，利用开发的第三方交易平台为客户提供便捷的金融理财选择（见表1-4）。

表1-4 金融的互联网与互联网的金融区别

| 类别 | 金融的互联网 | 互联网的金融 |
| --- | --- | --- |
| 性质 | 银行有国有性质与私有性质之分 | 民营性质 |
| 资金来源 | 可通过吸收公众存款获取资金 | 风投及股东缴纳的资本金 |
| 监管要求 | 由银保监会和央行监管 | 央行、银保监会、工信部、商务部等多个监管部门监管 |
| 准入门槛 | 不同银行有不同的最低注册资本准入规定 | 不涉及金融业务的企业无明文规定的资金要求；涉及金融业务的企业准入要求远低于银行业 |
| 授信依据 | 根据客户收入、现金流量、职业等信息判断 | 根据客户的历史交易信息（如淘宝信用贷款）及个人身份资料（如中安信业的公主贷）等信息判断 |

如表1-4所示，金融的互联网和互联网的金融各有各的特征，同时两者也相互联系。互联网的金融是提供金融服务的互联网公司，根据业务不同分为三大类：互联网平台、第三方代理销售及互联网金融门户。互联网平台公司提供销售平台服务，例如阿里巴巴。第三方代理销售包括提供基金资讯、投行顾问、投保理赔咨询等服务，例如惠泽网。互联网金融门户公司提供金融数据、信息和软件服务，提供贷款等服务，例如大智慧、融360等。

## 1.4 研究目标、内容及创新点

### 1.4.1 研究目标及内容

利用中国互联网金融市场积累的数据，对我国互联网金融发展中遇到的各种风险与安全问题进行分析，借助数据挖掘技术提出有效识别与评价互联网金融风险的模型，并有针对性地提出构建我国互联网金融风险防控体系的建议，以此促进我国互联网金融安全稳健地发展。

### 1.4.2 创新点

在研究过程中，从以下几个方面进行了创新：

（1）系统性研究和分析美国、英国、日本等互联网金融比较发达国家互联网金融发展的现状及监管经验，为研究和分析我国互联网金融的发展提供了较好的对比和借鉴作用。大量外文资料的翻译和研究，为研究我国行业发展和行业监管提供了丰富的理论和实践支撑。

（2）基于数据挖掘与分析技术构建互联网金融风险评价模型，将互联网金融信用风险作为输出，通过神经网络的训练和学习获得互联网金融信用风险评价模型。

（3）提出全面、系统的我国互联网金融风险防控体系。以往对我国互联网金融的风险防控，不同学者也提出了一些建议，但往往只注重在某一方面，缺乏系统性。这次研究在充分了解国外互联网金融发展的基础上，有针对性地提出了我国互联网金融风险防控体系，这个体系既包括网络借贷、第三方支付等各互联网金融业态的风险防范措施，也包括基于整个行业的完整的风险防控路径。

## 1.5 技术路线及组织结构

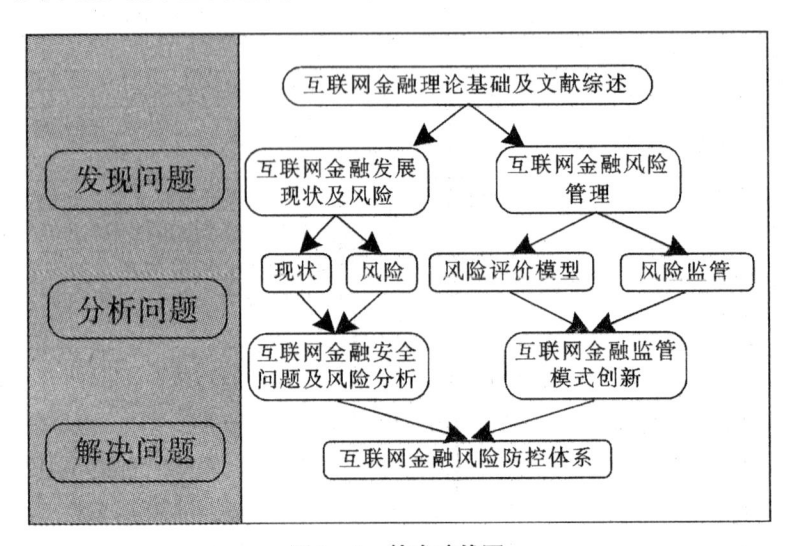

**图1-2 技术路线图**

研究思路是发现问题、分析问题和解决问题，着重于互联网金融的发展现状如何，风险特征是什么和如何防控互联网金融风险三个问题。首先，对我国互联网金融各业态的发展现状和风险进行全面系统的分析。其次，研究国内外互联网金融监管的现状，对互联网金融的安全问题以及风险进行分析。最后，提出建立互联网金融风险防控体系的具体措施。

# 2 研究综述

互联网金融的迅速发展与其有着强大的理论支撑是离不开的,国外相关理论发展较早也较为成熟,已经渐成体系,国内理论更具有本国特色,适合中国国情。

## 2.1 国外研究综述

国外理论动态主要可以分为五个方面:Tiago(2014)的研究认为金融服务流程和运作方法是防范的基础;Kim and Song(2012)认为互联网和移动通信技术是风险产生的根源;Chiou and Shen(2012)认为互联网金融风险主要包括金融风险和互联网技术风险。Fil and David(2014)认为金融风险是互联网金融风险的核心;Martins(2014)提出了互联网金融风险防范的具体思路。

互联网金融起源于国外,国外学者从互联网金融的概念界定、主要运行模式、作用影响、风险监管等角度对其进行了研究。Bachmann(2011)认为互联网金融的形成方式主要有两种,互联网企业的金融化或者金融机构的互联网化。

互联网金融主要模式有P2P网络借贷、互联网支付、众筹等,国外学者分别对不同模式的盈利模式、风险管理等运行机制展开了分析。Haizheng Li(2003)以eBay交易为例研究网上支付的风险、便利性和成本;Freedman(2008)认为网络借贷是一种融资成本低于银行贷款的直接融资方式;Harpreet Singh(2008)分析了P2P网络贷款投资的风险和回报;Michael Klafft(2008)从贷款人角度研究在重大信息不对称的匿名网络环境下不同评级的贷款收益率情况,认为大多数等级的投资收益并不理想。

关于互联网金融的风险管理,Stiglitz(1987)认为P2P网络借贷市场与传统金融借贷一样仍然存在逆向选择和道德风险,此外,P2P网络借贷还存在个人隐私泄露的风险;Freedman(2007)发现利用社交网络中的信息对借款人进行甄选,可以降低贷款的违约概率;Klafft(2008)认为,在网络借贷中资金出借人和需求人匿名贷款的经验应该进一步加强,除此之外,政府部门等相应的监管机构也应适当介入,以此来进一步降低网络借贷的风险。Freedman(2008)对Prosper的研究发现社交网络揭露的软信息有利于补偿硬信息的缺乏;Devinaga Rasiah、Younos Vakil Alroaia(2011)等从安全性、可访问性、高效性、关注度等方面构建了网络融资服务质量的量化指标。

关于互联网金融产生的影响分析,Franklin Allen(2002)、James Mcandrews(2002)和Philip Strahan(2002)均指出互联网金融的作用有促使金融脱媒、联合银行业增加信贷量等,可在一定层面上补充传统金融体系的不足。Solomon(1997)、Berk,J.M.(2002)在研究虚拟货币对货币总供给的影响时,认为应将虚拟货币的发行数量直接计入货币总量,从而使得货币乘数显著增加。从微观角度分析互联网金融的影响，De Young（2001）认为依赖于 Internet 的新银行相比传统的新银行能更快地改善其财务状况。

关于互联网金融的发展趋势，更多的是围绕互联网金融与传统金融机构的竞争与融合展开。Andrew Whinston（2001）金融互联网化及互联网金融的发展将使未来金融业的行业内竞争更加激烈。Stijn Claessens、Thomas Glaessner 及 Daniela Klingebiel（2002）认为在全球各地已从不同程度上改变了不仅仅有发达国家新兴经济体还包括有发展中国家的传统金融服务的方式，都将受到互联网金融冲击，为应当对其影响将掀起金融变革浪潮。

## 2.2 国内研究综述

国内对互联网金融发展的研究在近几年比较常见：王达（2014）在基于网络经济学视角对比了中美互联网金融发展之后，认为网络规模和垄断等不正当竞争都是互联网金融发展中应该重点考虑的问题；谢平（2012）将互联网金融定义为既不同于商业银行间接融资，也不同于资本市场直接融资的第三种金融融资模式，在研究后认为支付方式、信息处理和资源配置是互联网金融研究的重点；巴曙松（2013）在研究后认为相比较发展成熟国家，中国监管体系薄弱，加强立法、备付金监管将是监管的重点；沈丽（2014）认为在互联网金融风险管理方面应该权衡风险管理的收益和风险；李爱君（2016）认为，互联网金融是互联网技术与金融的有机结合，是金融创新的一种形式。

国内理论动态关于互联网金融风险的理论可以粗略地分为五大类：熊建宇（2010）认为应该将人的行为作为监管重点；孟祥轲（2013）强调了人的参与主体作用；兰秋军（2011）等认为风险管控应该基于传统金融服务开展；叶冰（2012）、王石河（2012）认为风险监管重点是金融活动传统的三大业务；沈丽（2014）认为融资、支付和交易环节是监管重点。

在互联网金融风险防控方面，已有的研究成果包括：

（1）完善法律法规方面。郑晓晓（2017）认为中央政府应及时对互联网金融进行立法，明确其定义和范围，严格规范互联网金融行业的准入制度，并详细规定业务准则、管理规范、披露制度、退出机制以及责任确定，从立法角度赋予互联网金融监管部门和自律组织相应权利，使得互联网金融有法可依、违法必究。朱荣荣（2017）认为鉴于互联网金融中很大一部分问题是部分违法分子假借互联网金融名头从事非法集资活动，应完善立法针对吸收资金的公司进行法律定位，明确业务边界。

（2）严格金融监管方面。在互联网金融的监管方面，以美、日为代表的发达国家已经形成完善的监管体制和模式。鲁玉祥（2014）认为美国对各类互联网金融产品和模式明确区分金融属性，针对各自属性建立完备的监管制度，做好顶层设计，协同各监管部门开展联合监管合作。严圣阳（2014）认为在美国的金融监管体系中，针对互联网金融的法律法规之间的协调较好，较好的覆盖互联网金融的各类模式。李真

(2014)指出美国的互联网金融监管体制中,消费者金融保护局、美国证券交易委员会、联邦贸易委员会以及行业自律组织各司其职,相互配合,充分发挥监管作用。罗红威等(2014)研究认为日本采取高度集中的体制对互联网金融进行监管,政府部门负责制定信息安全规章和法律法规,多部门联合对互联网金融进行监管。

(3)挖掘技术优势方面。封佩峰(2017)认为大数据技术的应用对互联网金融的发展和风险防控具有重要意义。一方面互联网金融平台可以利用大数据对大量的客户信息、交易数据、操作指令等进行科学分析,筛选出不同信用层级的客户,有针对性地提供产品和服务。另一方面互联网金融可以运用海量的历史信息预测市场未来的经济状况,针对未来可能出现的风险采取相应措施,利于互联网金融的风险防控。郭永珍(2018)认为区块链技术具有去中介化、去中心化和可靠数据等特征,有利于互联网金融防控风险。基于区块链技术构建风险共担模型,能有效保证资金的安全性;基于区块链技术交易系统的可追溯性,能有效监管整个互联网金融的交易活动;基于区块链技术的协议权限,可以更安全保管信息。

(4)构建信用体系方面。互联网金融稳定发展的核心是信息的真实安全。姚楚君(2014)认为目前的征信系统并不健全,个人征信体系数据纳入不完整,互联网金融业务中存在大量信用记录不良的参与者。因此构建一个包括发起人、中介商和消费者的征信体系能在很大程度上解决互联网金融市场上信息不对称问题。孙成娇(2017)认为利用全社会征信体系,对企业信息和个人信息进行整合,可以有效提高市场的透明度,减少逆向选择问题。利用信息分析,对企业和个人进行信用评级,方便企业发售针对不同级别的消费者的个性化金融产品,便于资金流动的管理,达到降低互联网金融行业整体的违约风险。

(5)运用财政政策方面。张杏会(2018)认为政府要充分利用财政政策工具,支持社会征信机构设立和征信活动开展,严厉打击互联网金融犯罪。财政支持相应的互联网金融公司对客户身份识别,真实评估客户信用状况。财政支持互联网安全网络体系和防护系统的构建,财政引导社会资本不断完善计算机技术和网络信息安全技术。

(6)细化会计核算方面。韩丹、黄力(2016)以蚂蚁金服互联网金融产品为例,从会计处理视角分析了对互联网金融业务的防控。认为互联网金融在面对大量风险时,细化业务会计核算对防控风险有显著意义。企业在编制互联网金融业务的会计分录时,应细化到三级科目,并标明相关业务开展涉及的具体途径和平台。同时,会计人员要对公司的互联网金融业务有明确了解,深入分析业务背后的经济实质。

## 2.3 小结

综合来看,国外对互联网金融研究开始较早,文献数量较多,研究角度也是多元化的,但针对互联网金融风险的系统管理的研究并不多。我国关于互联网金融的研究成果多集中在近几年,这与互联网金融近年在我国的蓬勃发展有着密切关系,说明随着互联网金融的发展,学术界对其关注度也在提高,研究也不断深化。关于互联网金融的风险和防控，也已经有学者做了多方面的研究，为之后的研究奠定了良好的理论基础。根据对以往研究成果的梳理，主要的互联网金融业态包括网络借贷、互联网支付、众筹、互联网理财、互联网保险以及网络银行，各种业态具有各自的风险特点。下面对我国互联网金融的发展现状与风险进行介绍与分析。

# 3 我国互联网金融发展现状、特征、风险

## 3.1 我国互联网金融的主要业态与风险状况

### 3.1.1 网络借贷的现状与风险分析

**一、网络借贷发展现状分析**

2007年拍拍贷的成立标志着网络借贷（P2P）在中国出现，经过将近十年的发展，P2P行业经历了快速发展（2010－2015年）、行业自我出清（2015－2017年）和监管压力下的大幅清退（2017年至今）三个阶段。截至2019年12月底，中国正常运营的网贷平台数量343家，比2015年底减少3090家，较2018年底减少729家，数量呈现大幅度减少的趋势。目前，国内对于问题平台的整改仍在进行，在行业环境恶化和强监管的双重压力下，现阶段仍将以出清为主要目标，引导平台退出和转型，正常运营平台数量不断下降。根据银保监会相关数据显示，截至2020年3月底，我国正常运行网贷平台仅113家。2010年至2019年网贷平台数量如图3－1所示。

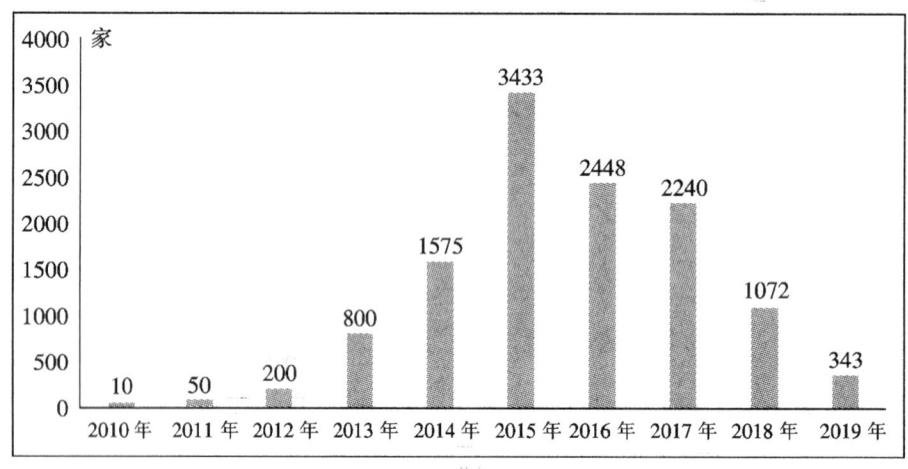

**图3－1 各年P2P网贷运营平台数量走势（数据来源：网贷之家）**

从地区分布上看，截至2019年底，正常运营平台数量排名前三位的是北京、广东、上海，其平台数量分别为94家、69家、28家，共占全国总平台数量的55.69%，比2018年同期上升0.78个百分点，这表明2020年网贷平台区域集中度进一步加强。2019年随着行业清退的力度加大，河北、山西、重庆、四川、甘肃、云南和湖南共7个地区的正常运营平台数量已经跌至0家，宁夏、黑龙江、天津和西藏正常运营平台仅为1家。具体如图3－2所示。

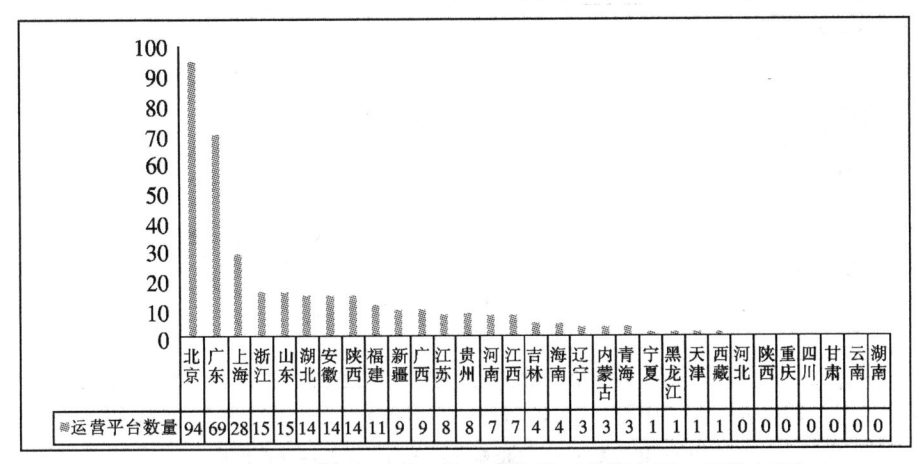

图 3-2  2019 年底各地正常运营平台数量（数据来源：网贷之家）

| 地区 | 北京 | 广东 | 上海 | 浙江 | 山东 | 湖北 | 安徽 | 陕西 | 福建 | 新疆 | 广西 | 江苏 | 贵州 | 河南 | 江西 | 吉林 | 海南 | 辽宁 | 内蒙古 | 青海 | 宁夏 | 黑龙江 | 天津 | 西藏 | 河北 | 陕西 | 重庆 | 四川 | 甘肃 | 云南 | 湖南 |
|---|---|---|---|---|---|---|---|---|---|---|---|---|---|---|---|---|---|---|---|---|---|---|---|---|---|---|---|---|---|---|---|
| 运营平台数量 | 94 | 69 | 28 | 15 | 15 | 14 | 14 | 14 | 11 | 9 | 9 | 8 | 7 | 7 | 4 | 4 | 3 | 3 | 3 | 1 | 1 | 1 | 1 | 0 | 0 | 0 | 0 | 0 | 0 | 0 | 0 |

2019 年在清退监管信号的指引下，P2P 网贷清退速度明显加快，湖南、湖北、云南、四川、河北等多地均发布清退当地所有平台的消息。据统计，2019 年全年退出的 P2P 网贷平台数量共 732 家，由于在运营 P2P 网贷平台数量基数大幅下降，2019 年停业及问题数量相比 2018 年有所减少。2019 年数家待收规模数百亿的平台开始转型退出，退出的平台对行业产生了较大影响，如陆金所、前金服等平台转型消费金融，拍拍贷转型助贷机构，宜信惠民、你我贷等平台退出网贷行业。其中陆金所退出直接影响网贷行业巨震，短期内出现行业环境急剧恶化，多家机构主动退出的情况。具体如图 3-3 所示。

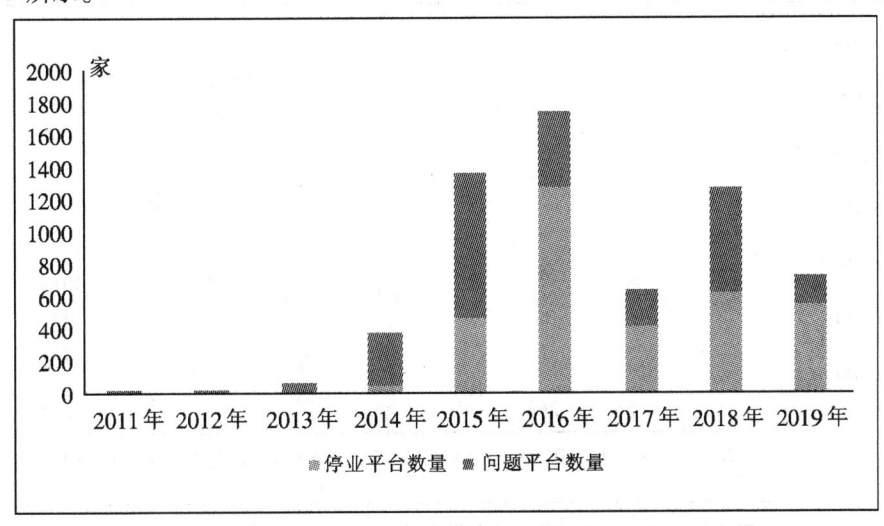

图 3-3  各年停业及问题平台数量走势（数据来源：网贷之家）

从资本进入网贷平台角度分析，进入网贷行业的时间主要集中在 2013 年至 2017 年，2018 年开始按照监管政策要求，中央和地方开始收紧对新增网贷机构的审批和备案，导致 2018 年至 2019 年，几乎未出现新增网贷机构。其中 2016 年 P2P 行业经历了形势较为严峻的一年，但仍然有大量资本涌入网贷行业。2017 年拍拍贷、和信贷和信而富 3 家网贷机构成功在美国上市，得到国际资本认可的网贷行业迎来最后的资本青睐。如图3-4所示。

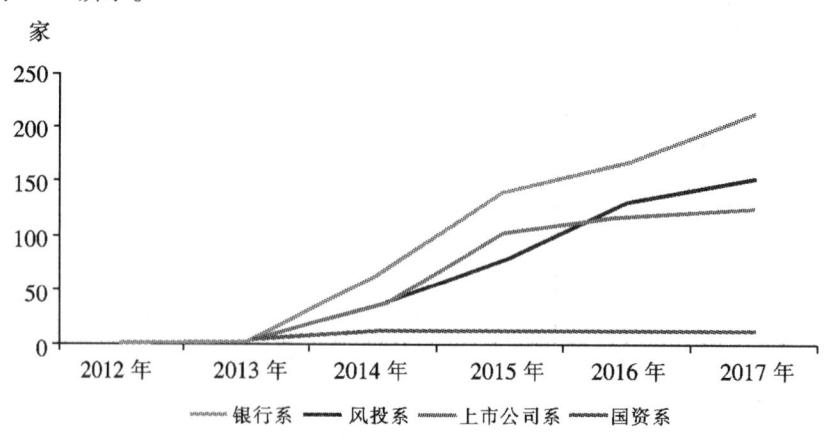

**图3-4 各年各背景平台数量走势（数据来源：网贷之家）**

注：2018年、2019年因网贷平台大幅退出，相关数据未披露

从成交量角度分析，截至2019年底，P2P网贷行业累计成交量为9万亿元。但2019年网贷行业成交量继续呈现萎缩趋势，全年成交量仅9649亿元，较2018年网贷成交量降低46.2%，较2017年成交量（28 048亿元）降低65.6%，2019年网贷行业成交量也为了近五年全年成交量最低（如图3-5所示）。其中2019年单月成交量全年高开低走，四季度成交量季度萎靡，分析认为成交量低迷与平台主清退、"三降"（降余额、降人数、降店面）要求下平台减少发标和投资者投资意愿下降有关。

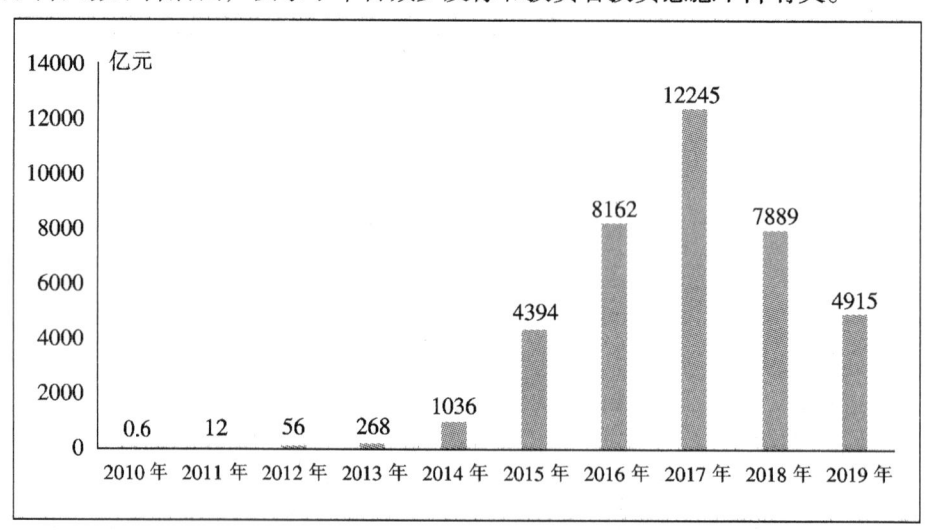

**图3-5 各年P2P网贷成交量走势（数据来源：网贷之家）**

随着成交量逐渐萎缩、网贷平台清退和监管"三降"要求压降借贷余额的压力下，头部平台开始退出网贷行业转型，其他机构暂停或大幅减少新标发行量，多重因素作用下，近年来P2P网贷行业贷款余额呈现断崖式下跌。截至2019年底，网贷行业总体贷款余额为4915亿元，同比2018年同期下降37.7%，较2017年年底下降59.9%。如图3-6所示。

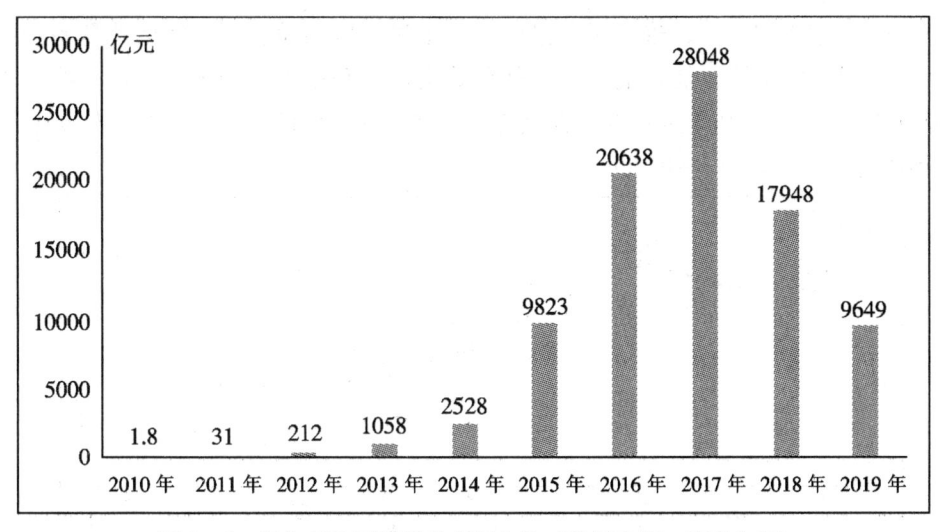

## 3 我国互联网金融发展现状、特征、风险

图3-6 各年P2P网贷贷款余额走势（数据来源：网贷之家）

从各省市分布上看，北京、上海、广东三个地区的贷款余额排名全国前三位，2019年底的贷款余额分别为2709.0亿元、1118.4亿元、576.9亿元，三个地区占全国贷款余额的比例为89.6%，三个地区余额集中度较2018年底增加1.7%，较2017年底增加8.7%，头部地区集中度进一步加强。其中北京地区贷款余额占全国总数的55.1%，主要原因为北京地区头部机构转型较晚，压降规模低于其他地区。其他主要地区浙江、江苏等地2019年底贷款余额分别为239.6亿元和13.8亿元，其余26个省市贷款余额257亿元。具体如图3-7所示。

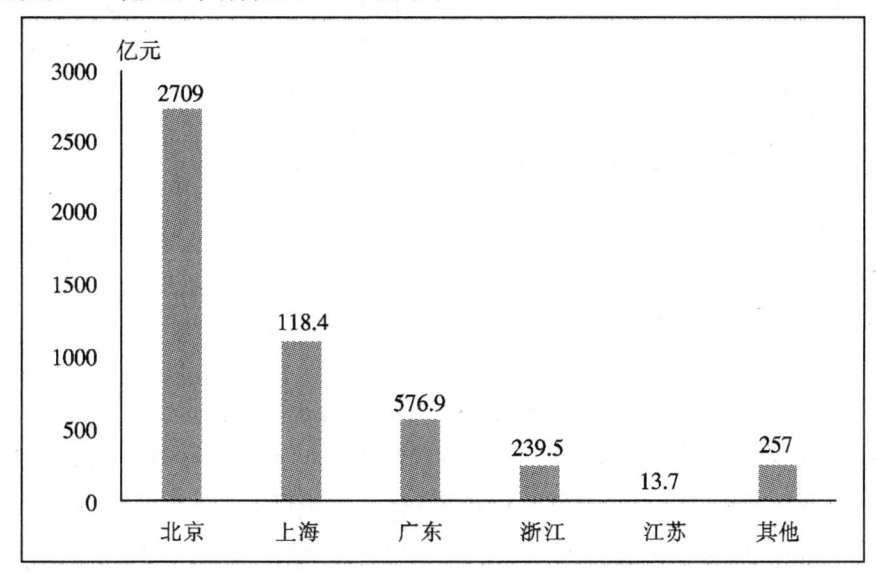

图3-7 2019年主要省市贷款余额（单位：亿元；数据来源：网贷之家）

2019年网贷行业总体综合收益率为9.89%，相比2018年网贷行业总体综合收益率上升了8个基点（1个基点=0.01%）。2019年综合收益率继续小幅回升，主要原因在于2019年上半年几家大平台出现暴雷，为避免出借人信心不足资金大幅度流出，不少

平台为提高出借人留存率，进行了加息活动。不过，后期随着平台发标数量的大幅度减少，资产端监管加码，借款端利率下降导致出借端利率也出现下滑，行业综合收益率持续下行，因此 2019 年全年看综合收益率呈现前高后低的局面，但是总体仍然相比 2018 年略有上升。如图 3-8 所示。

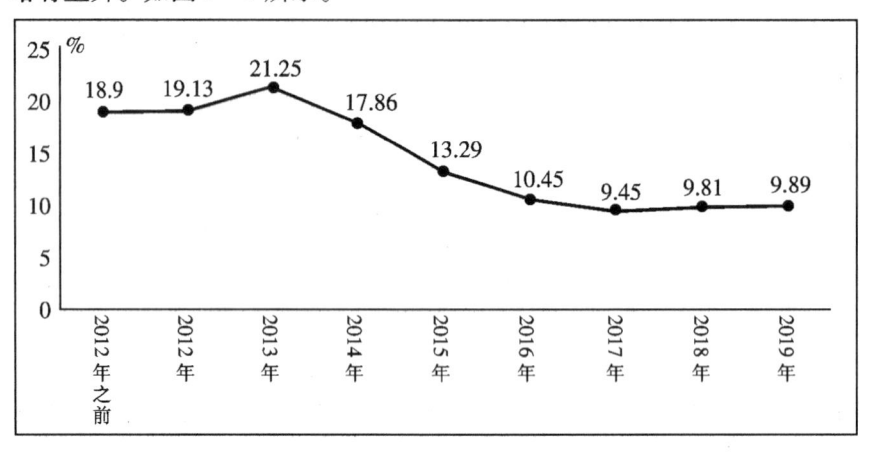

**图 3-8　各年综合收益走势（数据来源：网贷之家）**

2019 年网贷行业平均借款期限为 15.42 个月，相比 2018 年增长了 2.77 个月。从 2014 年至 2019 年网贷行业平均借款期限趋势来看，平台借款期限逐步走高。网贷行业平均借款期限如图 3-9 所示。

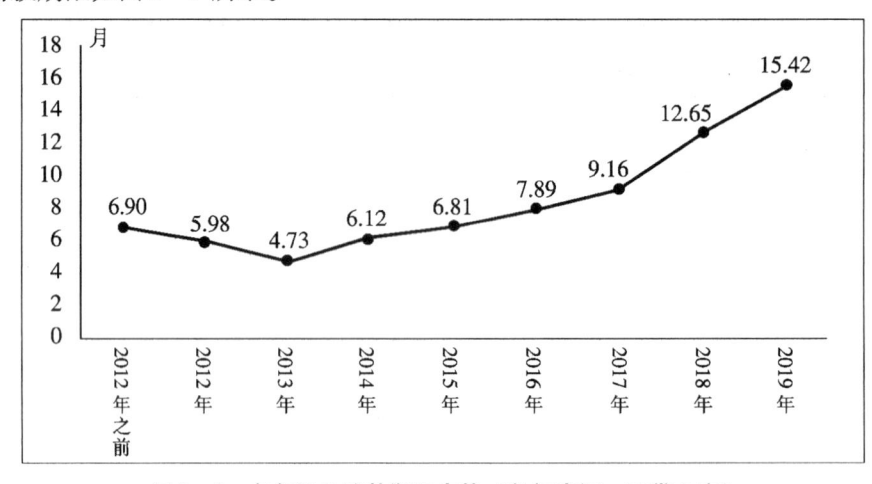

**图 3-9　各年平均结款期限走势（数据来源：网贷之家）**

2019 年网贷行业投资人数与借款人数分别约为 726 万人和 1156 万人，较 2018 年分别减少 45.4% 和 42.0%。从投资人和借款人变化分析得出：一是 P2P 网贷行业参与者（包括投资人和出借人）数量均出现了明显下降，主要原因为平台退出转型和 P2P 网贷行业的风险事件屡有发生。二是投资者下降幅度大于出借人，显示出受监管压力和行业暴雷风险影响，投资人信心明显不足。三是出借人数量大于投资人数量，表明大多数 P2P 遵循"小而分散"的原则，平台多以消费金融等小额借贷为主。具体如图 3-10 所示。

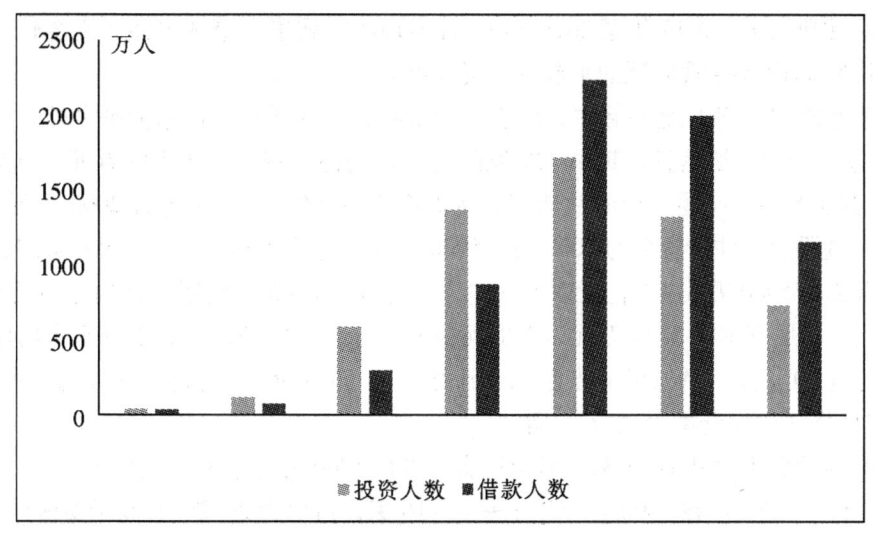

图 3-10 2015 年、2016 年网贷行业投资人数与借款人数对比

在 P2P 行业快速发展的背后,问题平台也不断出现,截至 2019 年底,累计失联跑路的 P2P 网贷平台 377 家,公安立案 858 家,累计提现困难、延期兑付、网站关闭等问题平台 1688 家,P2P 行业面临极大风险。2010 年至 2012 年,中国国内 P2P 平台尚未普及,问题平台数量较少,2013 年 P2P 行业迎来爆发式增长,问题平台数量增多,随着 2014 年 P2P 行业的进一步快速增长与调整,问题平台数量迎来井喷式增长(仅 2014 年 12 月就出现 92 家问题平台)。P2P 平台在 2017 年迎来暴雷潮,当年暴雷平台 866 家,引发社会和监管部门的强烈关注,收紧新增网贷平台审批并密集出台针对 P2P 网贷行业的监管规定,进一步压缩了网贷平台的发展空间。在经济下行的压力下,借款人还款能力和还款意愿下降,平台逾期率不断攀升,2018 年网贷平台继续开展行业出清,当年暴雷平台 576 家。2019 年互联网风险专项整治接近尾声,监管力度继续加码,网贷平台面临生死存亡,其间不断传出即将开展网贷平台备案的有利信息,但大多数网贷机构在人员、资金、项目不断流失的情况下选择退出。

本文分析认为,2020 年是互联网金融专项整治和 P2P 网贷专项整治的收官之年,平台面临较大的监管压力,不合规的网贷平台将会逐步退出。在整治工作完成后,少量合规机构可能会被允许备案,迎来网贷行业的重新发展。

**二、P2P 问题平台分析**

下面从准入门槛、资产开发模式、运营特征、平台是否提供保障机制四个方面对 P2P 问题平台进行分析。

1. 准入门槛

下面从注册资金、信息披露、资金托管等方面对 2013 年至 2019 年 12 月底出现问题的 P2P 网贷平台进行初步分析。其中问题平台名单来源为网贷之家、网贷天眼和其他第三方披露。根据平台名单去重后,共收集到停业网贷平台 3193 家,其中清盘退出 1088 家、被立案侦查 670 家,停业失联跑路 711 家,其他问题网贷平台 724 家。

(1) 注册资金。2013年至2019年12月出现的问题平台呈现出注册资金较高的特点，尤其是2019年出现问题的平台注册资本更高。

在统计的3193家问题平台中，除去7家未收集到注册资金信息的平台外，共收集到3186家平台的注册信息。其中229家问题平台的注册资金少于500万元（包含500万元），其次877家问题平台的注册资金为500万~2000万元（包含2000万元），有1219家问题平台的注册资金为2000万~5000万元（包含5000万元）、658家问题平台的注册资金在5000万元~1亿元以上（包含1亿元），203家问题平台的注册资金在1亿元以上。注册资本在5000万元以上的问题平台占到总数27.0%，部分平台的注册资本甚至超过20亿元，例如聚宝普惠（注册资本31.58亿元）、借贷宝（注册资本30亿元）、轻易贷（注册资本25亿元）等。

2019年问题平台共1476家，其中注册资本在5000万元以下（包括5000万元）平台1060家，注册资本在5000万元以上平台416家，占比为28.2%，高于整体样本1.2个百分点。

此外，2014年问题平台平均注册资本为3393万元，2015年为3542万元，2016年为4450万元、2017年为5344万元、2018年为5692万元，2019年为6465万元，可见问题平台平均注册资金呈现增长趋势。

(2) 信息披露。问题平台的另一大特征是很少进行信息披露。P2P平台应将平台自身背景、商业模式、运营数据等情况公布给投资人及借款人，使他们对平台有更加详尽的了解。

①平台本身资质信息披露。平台本身资质信息主要包括管理团队信息和证书信息，这两方面的信息都向投资者传达了平台运营状况的信号。管理团队信息主要是各部门负责人的能力和经验介绍，证书信息主要包括企业的营业执照、银行开户证明、税务登记证明等证书、在资质信息方面，问题平台和对比平台之间存在明显的差距，问题平台的资质信息披露主要集中在证书信息方面，而在管理团队方面几乎没有披露，相反对比平台主要披露管理团队方面的信息，只有少量平台披露证书信息。

这个差异主要来自不同平台之间传播信号的方式，首先对于问题平台来说，平台的管理团队在能力方面可能存在缺陷，不能正面地向投资者传播信息，因此，利用证书作为信号能更好地向投资者传播正面信息，另外，对于一些极端的问题平台（如诈骗平台），也必须同时考虑到编造管理团队信息的成本。相反，对拥有高能力管理团队的平台来说，披露管理团队的信息效果要超过披露证书的信息效果，因此，运营较好的平台更愿意披露管理团队信息，向投资者传播正面的信号。表3-1总结了不同平台在资质方面信息披露的情况。

## 3 我国互联网金融发展现状、特征、风险

表3-1 不同平台在资质方面信息披露的情况

| 平台基本情况 | P2P平台 | 管理团队信息 | 证书信息 |
|---|---|---|---|
| 问题平台 | 里外贷 | 没有 | 有 |
|  | 中汇在线 | 没有 | 有 |
|  | 融融网 | 没有 | 有 |
|  | 上咸bank | 少量 | 有 |
|  | 美贷网 | 有 | 有 |
|  | 中贸易容 | 没有 | 有 |
|  | 渝商创投 | 有 | 有 |
|  | 沪乾投资 | 有 | 有 |
|  | 万通财富 | 少量 | 有 |
|  | 全民贷 | 没有 | 有 |
|  | 聚融贷 | 没有 | 没有 |
|  | 涌金贷 | 没有 | 有 |
|  | 快速贷 | 有 | 有 |
| 对比平台 | 人人贷 | 有 | 没有 |
|  | 积小盒子 | 有 | 没有 |
|  | 宜人贷 | 有 | 没有 |
|  | 凤凰智信 | 有 | 没有 |

②借款标的信息披露。问题平台普遍在借款标的方面向投资者披露的信息较少，披露的信息主要是基本信息，一些平台的标的甚至缺乏借款的明确目的和用途。而运营较好的平台则会对借款标的信息进行较为详细的描述。不同平台披露信息的成本存在差异，一个资质较高、运营正规的平台，信息披露的成本要低于一个相对差一些的平台。对于自融资、资质更差、运营不完善及拥有恶意目的（诈骗）的平台，披露信息的成本会更高，因此问题平台在借款标的方面披露的信息普遍少于对比平台。

③投资者资金保障信息披露。投资者资金保障信息主要是担保机制方面的信息。平台之间的差别主要来自是否拥有此方面的机制和是否披露此方面的信息。对于投资者保障信息的披露，问题平台和对比平台存在很大差异。大部分的问题平台缺少担保机制，即使在机制存在的情况下，问题平台也缺少对机制说明的信息披露。相反，对比平台不但拥有第三方担保，还对信息进行详细披露。表3-2总结了不同平台对投资者资金保障信息的披露情况。

问题平台普遍只在网站上公布少量公司背景情况，如营业执照、公司照片等，但很多照片都存在明显的修改痕迹，如多家问题平台使用同一办公照片，仅在照片上修改公司名称。与之相比，多数正常运营的P2P平台则对自身有更详细的介绍，对平台成立背景、运营团队、合作机构等都会一一说明。

据统计，62.8%以上的问题平台都没有及时公布平台的运营数据（这里以是否有按月公布数据为准），包括累计成交额、待还金额、累计收益、当月新增贷款余额、用户数等数据，其中诈骗平台尤为突出，投资人很难找到平台相关的运营情况，很难判

断平台运营状况。正常运营的 P2P 平台则多会将平台的运营数据等情况持续公布在网站上，投资人可以通过这些数据了解 P2P 平台的相关情况。

表3-2 不同平台对投资者资金保障信息的披露情况

| 平台 | 第三方担保 |
| --- | --- |
| 里外贷 | 有 |
| 中汇在线 | 无 |
| 融融网 | 无 |
| 上咸 bank | 有 |
| 美贷网 | 无 |
| 中贸易容 | 有 |
| 渝商创投 | 无 |
| 沪乾投资 | 有 |
| 万通财富 | 无 |
| 全民贷 | 无 |
| 聚融贷 | 无 |
| 涌金贷 | 无 |
| 快速贷 | 有 |
| 人人贷 | 有 |
| 积木盒子 | 有 |
| 宜人贷 | 有 |
| 陆金所 | 有 |
| 红岭创投 | 有 |

（3）资金托管。P2P 平台是否使用第三方托管呢？这是投资人判断平台是否安全可靠的一个重要依据。原银监会在 2014 年也多次倡导 P2P 平台使用资金第三方托管，这很有可能也成为即将出台的监管细则的红线。那么什么是第三方托管呢？它的好处是什么呢？

所谓第三方托管，是指投资者的资金不经过 P2P 平台，而是直接放到第三方托管公司的账户。这样 P2P 平台不直接接触投资者资金，也无法挪用资金，成为纯中介平台，杜绝了资金池问题，在一定程度上保证了投资者资金的安全。国内 P2P 网贷平台普遍使用的第三方托管公司有汇付天下、联动优势、环迅支付等。

在 2017 年之前，P2P 网贷平台大多未开展资金托管业务，银保监会发布《P2P 网络借贷业务管理暂行办法》中明确规定网贷平台需开展资金托管业务，并将此作为网贷备案条件之一后，网贷平台才逐渐开展资金托管业务。3193 家问题平台中，1343 家问题平台未开展资金存管业务、955 家已开通资金存管、895 家机构未采集到相关信息。1343 家未存管平台发生问题的时间主要集中在 2018 年和 2019 年，分别为 563 家和 591 家。

除此之外，一些平台声称自己使用第三方支付或银行账户支付保证投资者资金安全，但第三方支付等形式并不能真正保障投资人的资金安全，这仅仅是问题平台在偷换概念，问题平台仍对投资资金拥有使用权，对投资人进行欺骗。

值得关注的是，资金托管在一定程度上解决了平台资金池的风险，使得平台不再能够轻易挪用出借人的投资金额和借款人的还款金额，但对于假标、自融等其他风险，资金托管作用有限，因此参与资金托管不能作为完全网贷平台的风险保障。

2. 资产开发模式

P2P平台能否健康、持续运营的一个重要因素是能否找到优质的资产源。建立持续、优质的资产源渠道，是P2P平台基本的生存需求。现在P2P平台普遍存在的资产开发模式基本可以分为平台自身开发、与担保机构合作、与小额贷款公司合作这三类。

对3193家P2P问题平台的资产开发模式进行统计后，共收集到1865家问题平台的数据，其中自己开发项目的平台有1199家，与小贷公司合作开发项目的平台有77家，与担保公司合作开发项目的平台有331家，与银行合作开发项目的平台有258家。

（1）自己开发项目的问题平台。平台自己开发资产端项目的问题平台共统计到1199家，占到1865家问题平台中的64.2%。可见问题平台中自己开发项目的问题平台较多。据分析，问题平台中自己开发项目的平台较多的原因有以下两点：①自己开发项目的平台要承担全部风险，平台需要很高的风险控制能力，一旦借款人出现逾期或跑路，平台很容易被连累；②问题平台中很多属于诈骗平台，没有合作伙伴，因此平台中的借款项目多是来自平台自身开发。

在所有自己开发项目的问题平台中，90%以上的平台项目都有抵押担保，只有不到10%的投资项目是纯信用借款项目，投资者不能盲目相信P2P平台上提供的所谓的抵押担保，调查发现，很多平台存在虚构抵押担保的问题，如车辆抵押项目中将同一辆车的照片用于多个不同时间、不同额度的借款项目。投资者往往可以明显看出其中存在欺诈问题。

（2）与其他公司合作开发项目的问题平台。与担保公司合作开发借款项目的P2P问题平台共有331家，占到了1865家问题平台的17.7%，可见与担保公司合作也是问题P2P平台的常见运营模式之一；除此之外还有77家P2P问题平台选择与小贷公司合作，其仅占到1865家问题平台的4.2%。值得关注的是，有258家平台和银行开展合作，占1865家问题平台的13.8%，与银行合作开发项目主要从事助贷业务，银行提供资金，网贷平台按照银行要求为银行提供借贷项目，部分网贷平台同时承担担保责任和贷后管理。

与担保公司、小贷公司和银行合作，可以转移P2P平台的风险；由担保公司、小贷公司和银行为借款项目进行筛选、风险控制并进行担保，可以减轻P2P平台风控压力。但与它们合作并不能杜绝问题平台的出现，担保公司和小贷公司对贷款提供担保，相当于变相加大了自身的经营杠杆，银行提供资金端容易导致P2P平台发生道德风险。在P2P行业监管法规尚未出台之际，很多公司都存在过度担保的行为，一旦违约事件出现，很容易爆发系统性风险。

据不完全统计，当前正常运营的平台中有90%的平台都选择与小贷公司、担保公司和银行进行合作，这种模式的背后暗藏了很大的危机。

### 3. 运营特征

下面从运营时间、问题平台地域分布及投资项目的特征三个方面来分析问题平台的运营特征，并与选取的样本数量进行对比。

（1）运营时间。3193家问题平台中，5.4%的平台运营时间不到100天，18.3%的平台平均运营时间都在1年以下，运营时间超过3年的只有53%，选取网贷之家上30天内交易金额前100名的平台进行统计，全部为运营时间超过5年的网贷平台；大多数问题平台运营时间较短，投资者应该谨慎评估新成立的平台。部分投资者的策略为"打新"，即考虑到刚成立的新平台为可持续发展和用户口碑考量会稳定经营一段时间，平台创始初期出问题可能性较小。但部分诈骗平台正是抓住了部分打新党的心理，用高息、短期天标吸引投资者之后迅速跑路，一步一步地刷新P2P平台运营时间下限。因此，投资者不能抱着要比其他投资者跑得快的信心而盲目选择新成立的平台，而应根据平台自身实力谨慎判断。

问题平台普遍在年末集中爆发出现，2018年10月、11月、12月分别出现178家、234家、122家问题平台，而2019年10月、11月和12月分别出现116家、110家和158家，远高于当年其他月份问题平台的数量。对原因分析如下：①平台上半年发的一年或半年标于年底到期，资金链或受影响；②由于年底为投资人资金回笼时期，平台面临兑付高峰期；③下半年问题平台数量增多引起投资者恐慌，投资者纷纷撤资使兑付压力波及正常运作平台。④地方金融监督管理部门在年底之前需完成本年度压降目标，因此会加大对不合规机构的清退工作。此外，2018下半年经济疲软，部分企业回款困难，导致违约风险加大，投资人撤出资金转移股市也是导致问题平台出现的原因。

投资者应理性使用资金期限错配策略避免年底集中提款而面临"踩雷"可能。

（2）问题平台地域分布。对各地出现P2P问题平台的数量及概率进行统计后发现，广东、浙江和北京问题平台数量排名前三，这些地方网贷平台较多，因而问题平台数量较高；就问题平台发生率而言，湖南、山西和广西排名前三，其中山西和广西虽然从绝对数量上看问题平台数量并不多，但是由于平台总数量少，因此问题平台发生率较高。值得一提的是，2014年12月山东问题平台最多，占12月问题平台的33%，部分平台出现问题是因为诈骗和经营不善导致资金流断裂，之后引发了山东地区的集体恐慌挤兑潮。

（3）投资项目。在了解了P2P平台后，投资者还应进一步观察平台的投资项目（俗称标），问题平台的投资项目多存在一些共同的特点，从借款期限、借款额度、是否有抵押及年化收益率四个方面进行了统计后得到以下结果。

①借款期限。在对2013年至2019年12月共3193家问题平台借款项目的平均投资期限做了统计后发现，有1795家平台网站未能打开而无法统计，322家网贷机构数据清零无统计意义，共收集到1076家有信息的平台。其中，有30家问题平台平均发标贷款期限在1个月以下，占问题平台的2.8%左右；平均发标期限为1~3个月的有142家，占问题平台的13.2%左右；平均发标期限为3~12个月的有706家；平均发标期

限在12个月以下的平台共有878家,占问题平台的81.5%以上。

作为对比,选择了截至2019年12月30日尚在运营的100家P2P平台,选择标准是30日内成交量排名。通过统计其发标的平均期限可知,平台发标平均期限在3个月以下的仅占8.0%,发标平均期限在12个月以下的占67%,远远小于问题平台占比的15%和81.5%。而对于2019年的全部平台发标融资期限统计,发标额度在3个月以下的平台的比例是71%,也小于问题平台的81.5%。

一般来说,借款企业倾向于借长期的贷款,而投资人更倾向于放短期的项目,双方需求的不匹配就导致了平台有将期限长的标拆成不同期限短的标的意愿。平台存在拆标行为,会导致平台流动性风险加大,一旦有一点负面消息,就有可能引发挤兑,平台的资金流则有断裂的风险。此外,部分平台会在短期标到期兑付的几天前发大额天标来吸引投资者,以维持资金流的稳定。因此,投资人应谨慎考虑期限比较短的投资项目,若发现平台上面短期标占多数,长期标占少数则需要小心。

②借款额度。根据2013年至2019年12月问题平台上借款项目的平均借款额度的统计结果,在3193家问题平台中,除2152家平台网站未能打开或者数据清零而无法统计外,共收集到1041家有信息的平台。其中,有336家问题平台发标贷款额度都达到过50万元以上,占问题平台的32.3%左右;732家问题平台发标额度都超过10万元的平台占70.3%,只有30%的平台借款额度小于10万元。67.7%的问题平台的最高借款额度都是在50万元以下,可以看出问题平台的投资项目多数还是以小额标为主,大额标只是少数。

但需要注意的是,选择统计的是发标额度的平均值,在1041家有数据的平台中,有179家都发过100万元以上的标,部分平台甚至在出问题前夕大量发大额度天标。而平台承诺代偿时,平台待收金额中大额标所占比例越大,其承担的流动性风险就越大。因此,投资者在投资大额标或者天标时应特别注意。除此之外,问题平台还存在将大额借款拆分成多个小额借款的问题,很多问题借款项目高度相似,很大可能是其将同一个项目进行拆分或伪造借款项目,投资者应谨慎区分。

③是否有抵押。问题平台的投资项目还有一个特点,即85%以上的投资项目都标明是抵押标。所谓抵押标,是指借款人通常以抵押物作为担保在P2P平台上发布的借款项目,通常是以房屋或车辆作抵押,也有以生产资料等作抵押。投资者在选择平台和投资项目时,通常偏好抵押标,认为若发生逾期可以通过变卖抵押物回收资金,但投资者不能盲目相信P2P平台的抵押标和抵押物。

一般来说,抵押物自身也有优劣顺序,房产抵押优于车子抵押,优于股权和存货抵押。这是因为,抵押物的优劣区分在于出险后是否能快速且足值变现。相对于房子,车子为流动资产,一旦出风险,流动资产更容易被借款人转移。只有当大企业进行借款时,大企业的股权质押才有处置能力。与大企业相比,小企业的股权质押缺少变现能力,自然也无法足值变现。但平台声称有房产抵押就万无一失了吗?事实并非如此。房产抵押之中,也蕴涵着风险,由于存在着房产被多次抵押或者是房产抵押在法律上不被承认等可能性，一旦出险，房产并不能快速变现，投资者同样遭受损失。

并且，根据对大量问题平台投资项目的观察归纳，很多平台存在虚构伪造抵押标的情况，如很多问题平台所有借款项目都使用同一抵押物图片。

在此只能建议投资者，虽然平台有义务保护借款人的隐私，无法将抵押物的信息完全透露出来，但是平台显示借款人提供抵押物时，投资者应仔细检查平台披露的资产抵押的证件，如果是房产抵押，应包括房屋产权证明、他项权证和公证书。投资人应注意他项权证的时间及公证书上的金额，防止该房被二次抵押或者抵押金额不足值。如果是车辆抵押，应注意车辆登记证、抵押登记和保单，并分清该车是抵押还是质押，质押是指平台会代为保管车辆，抵押是指车辆办完抵押证明后车辆可以被开走，前者的风险更小。对抵押物描述较多的平台会更有选择的价值，有用信息包括抵押物的照片、房产的大致位置和抵押物的预计市场价格等。

④年化收益率。问题平台的年化收益率普遍高于正常平台的年化收益率。根据统计，问题平台的年化收益率大都维持在18%~23%，加上平台的奖励利率，平均年化收益率能达到25%，部分平台在成立初期甚至开出了40%以上的利率。根据网贷天眼对在运营平台的抽样统计，在利率不断下行的影响下，2019年12月份全国网贷平均投资利率仅为9.46%。

由此可以看出，问题平台的利率普遍偏高，往往通过高利息、高收益吸引投资者。此外，在统计了问题平台运营时间和平台利率的相关性后得到相关系数为-0.29，为低度负相关，可见平台利率越高越不利于平台长期经营。

在金融市场尤其是小额贷款市场中，高收益率代表着高风险。投资者要谨慎选择，警惕高息、长贷款期限的项目，一方面，优质的借款人会有逆向选择权，不会选择高息平台。另一方面，承担高息的企业每月要偿付一笔高额的利息，一般企业很难承担很久。高息长期限，加大了企业未来逾期的风险。此外，企业贷款在提供了足值抵押物的情况下，一般不愿意承担太高的利息，如果平台发的标的抵押物足值且利息高昂，则投资者需要注意。

4. 平台是否提供保障机制

在1076家有数据的问题平台中，除399家平台由担保公司或小贷公司进行担保外，监测到有451家平台在网站上曾对投资者承诺"本金保障"，甚至部分平台打出"保本保息"的承诺。但值得注意的是，2017年在中国人民银行、银保监会牵头开展的互联网金融风险专项整治中，对网站宣传"本金保障""保本保息"等诱导性宣传进行压力打击，2018年之后平台官网基本不再有类似宣传。

需要指出的是，平台承诺本金或本息担保时，其在一定程度上承担的是信用中介而非信息中介的职能。在信用中介中，平台的代收金额和平台的注册资金之间的比值是衡量平台风险的重要指标，金融术语叫杠杆。当金融平台具有高杠杆的时候，其对风险的抵抗能力会降低，更容易遭受损失。目前国家对P2P平台的杠杆并没有规定，以国内的融资担保公司的要求为例，融资担保公司会对项目的损失承担本金偿还的责任。国家规定融资担保公司的担保额度不能超过公司自有资金的十倍,实际上许多国有担保公司运营的杠杆一般为五倍左右,而不少 P2P 问题平台的杠杆都超过十倍以上。承诺担保的 P2P 平台杠杆太大,一旦出风险,公司需要用自有资金偿付投资者时,就可能会导致资金链的断裂。事实上,原银监会已经提出十分明确的 P2P 平台监管方向,即 P2P 网贷未来发展方向还是作为纯信息中介平台。因此,投资者应尽量避开注册资本较小且承诺本金或本息的平台。

5. 原因分析

按照出问题的原因,这些问题平台可以分为三类,即实业自融平台、蓄意诈骗平台和经营不善平台。

(1) 实业自融平台。这一类平台的特点是,老板先有线下实体企业或项目,为了给企业、关联企业或项目融资而开设 P2P 平台。平台会隐瞒自融信息,发标多存在信息造假的情况。

从法律层面上来看,平台自融踩到了非法集资的红线,一旦政策收紧或明确,导致平台被查处,投资人将承担损失;从企业经营层面上来看,由于没有第三方金融机构对融资企业经营状况进行评估并批准授信额度,企业易在极易获取资金的状况下迷失,融入大量与经营实力不匹配的资金后盲目扩张。而且自融平台中还存在线下企业已运营不善而导致企业资金状况不佳的现象,这类企业往往已经背负巨债和高额利息,抵押物通常为二抵或者三抵,已无法从线下金融机构融资而转移到线上,这种借新还旧的融资方式无异于饮鸩止渴,投资人将钱投入只会白白损失。由于自融平台发标多为虚构,投资人无法将此类平台和其他自融平台区分开来。

由于部分平台信息缺失,3193 家问题平台中,能够判断为自融平台的共有 682 家。其中,运营时间超过 1 年的共有 361 家,100~365 天的共有 241 家,少于 100 天的有 12 家,68 家无从考察。

通过统计发现自融平台有五个明显特点,分别是平台利息偏高、融资额度偏大、融资期限较短、信息重复率高和平台代收金额不断增多。

①平台利息偏高。682 家自融平台的平均利率为 26.8%,远高于问题平台的平均利率,其中利率超过 40% 的共有 33 家、由于多数自融平台线下实体往往已经发展到一定规模,且企业多处在钢铁、煤矿、光伏、房地产和白酒等行业,这些行业资金需求量较大,押款严重,回款周期长,因此平台倾向于用高息来吸引投资者以快速聚集资金。例如,2013 年 8 月暴出问题的网赢天下利率高达 50% 左右,其资金多数流向已欠大量高利贷的深圳企业华润通;而平均利率为 40% 的金陵财富的主要借款方为江苏创和重钢科技股份有限公司,它们是平台股东的关联公司。2019 年被暴出自融的朵朵金融平台,投资端借款利率超过 24%,远高于行业平均 11.6% 的水平。需要指出的是,利率小于 12% 的自融平台共有 105 家。这些平台平均运营时间在一年以上,线下实业初期发展较好,融资利率不高,发标期限适中,因而受部分投资者青睐,平台因稳定的现金流和低融资成本而持续运作了一段时间,可最终都因线

下实业资产出现坏账而产生问题。

②融资额度偏大。对自融平台的平均融资额度进行统计后可知，在收集到数据的676家平台中，有53%的自融平台融资平均额度在50万元以下，46%的平台的融资平均额度为50万~200万元，1%的平台的融资平均额度在200万元以上。其中，部分平台的单笔融资额度甚至到了数千万元。部分平台存在拆标严重的现象，投资人不能仅仅看单笔借款额度，而应注意借款人总借款额度的信息。部分自融平台的借款集中度较高，如帮你贷将280万元的标拆成了5万元每笔；里外贷的借款人仅有8人，人均借款金额为1.17亿元。其中，代还金额最高的借款人的金额竟高达3.2亿元。

③融资期限较短。对收集到融资期限数据的673家平台进行统计后发现，有35%的平台融资期限都在3个月以下。同自融平台发高息的理由类似，平台流向企业所在行业分布大多账期较长，平台有将长期限标拆成短标来吸引投资者的倾向。如前所述，当第一个短期标到期时，平台又会发新的短期标募集资金来还第一个标的投资者的钱。当线下企业或项目运作良好而平台资金流稳定时，平台可稳定向投资者偿付利息，一旦企业出现坏账或平台需集中兑现时，问题便爆发出来。

④信息重复率高。平台借款标内部借款人信息重复率高，或者与其他平台借款信息类似。前者表现在，平台内部信息叙述模式单一，借款人用户名类似、融资金额和所处行业类似，以网赢天下为例，34个借款人用户名皆为"wytx_ +字母"的形式；后者表现为借款人信息和借款需求与其他平台描述情况类似，可以尝试用第三方搜索工具查到。

⑤平台代收金额不断增多。与上述原因类似，由于自融平台资金流向企业或项目往往具有期限较长的特点，而自融平台所发标期限又较短，所以平台需要不断发标来维持平台偿付投资者利息和本金所需现金流，这使得平台每次融资金额都会比前一次更大，因而代收金额会不断增加；以里外贷平台为例，平台从2013年7月到出问题时的2014年11月，代收金额不断累积，杠杆不断扩大，最终在因集中偿付企业回款资金流出现问题后跑路。

（2）蓄意诈骗平台。所发标的信息全为虚假信息，平台累积到一定资金后就卷款跑路。

2013年到2014年全国涌现了大量诈骗平台，投资者并没有形成一定的警惕心，导致骗子屡屡得逞，有诈骗者甚至进行二次行骗，开业数天而卷走巨款的例子屡见不鲜。例如，河南的新乡贷、深圳的品玉贷，都是上午开业下午跑路，还有上海的人山贷，在开业期间就被曝光是诈骗平台，可以说是最短开业时间的P2P平台。

大部分诈骗平台运营时间都小于100天，没有一家诈骗平台运营时间超过3年。由于P2P平台诈骗资金多为融资人自用，资金去向多为转放高利贷、进行高风险投资或个人消费挥霍，平台资金流通过庞氏骗局维持，自然不可能长久。

同自融平台类似，诈骗平台普遍利率偏高，融资期限偏短，81家诈骗平台的平均利率为31%，其中80%的诈骗平台平均发标期限都在3个月以下。

### 3 我国互联网金融发展现状、特征、风险

除去平台发布额度和利息外，诈骗平台还具有如下特点。

（1）公司资质多为造假。部分诈骗平台的网站上没有任何关于公司信息的内容，但也有许多诈骗平台公布了平台信息。有些投资者坚信"有网有真相"，认为P2P平台只要在网站上晒出办公环境并提供公司的一系列经营证件，就能证明平台的实力。这些平台就抓住投资者更愿意相信图片的心理，纷纷在网站上公布自己企业的照片和相关证件等。据统计，在所有的诈骗平台中，90%以上的平台都在网站上公布了公司实景照片和证件，但很多问题平台的照片有明显的造假痕迹。

此外，投资者可以通过第三方搜索工具验证平台公布的照片、团队创始人身份和公司地址是否为伪造。

（2）平台透明度低。以"融益财富"的投资项目为例，该标贷款用途为企业生意周转贷款，抵押物为厂房和设备，但是在借款人信息处，并没有给出任何关于厂房和设备的实物照片，也没有给出该厂房和设备面积、大小、地理位置等信息，平台没有给厂房和设备做出估值，也没有描述其估值是否能够覆盖贷款额度，平台仅仅显示了借款人的地理位置、收入、是否有房有车的信息，这些信息并不能帮助投资人判断投资是否有风险。

因此，投资者要警惕此类平台，避免因平台虚高的收益率而被盲目吸引。

（3）经营不善平台。与以上两类平台不同，这一类平台并无诈骗和自融的意愿，但开张后由于平台经营不善，盈利或现金流出现问题。2013年以来P2P行业的火爆吸引了大量金融和非金融人士进入该行业。虽然国家并没有规定准入门槛，但是P2P行业本质上具有金融属性，运营所需的经验和技术要求极高，平台运营方对P2P行业的风险没有正确的认识，业务能力、风控能力不强及操作手段不当，导致了问题的发生。

平台运营不善导致现金流或盈利出现问题的原因可以归为以下几类：①平台项目质量或数量不佳，表现为项目来源少，平台手续费盈利低于平台维持开支，或者盲目开发新产品而对风险没有正确的认识，如高风险的过桥资金借贷、股票、外汇和期货投机产品；②平台风控人员技术不过关，信贷审核能力不强，表现为平台对项目没有进行严格的把控，存在因熟人借贷而忽略尽职调查、关联方借贷和借款人存在多次贷款而平台未查出等现象；③平台线上安全性不强，被黑客攻击，导致用户的个人信息和资金受到损失；④平台对资金具有违规操作行为，如拆标、期限错配；⑤平台信息披露不强，地域风险和投资者挤兑风险导致平台现金流出现问题。

通过对3193家问题平台的分析，可以判断有984家平台是因为经营不善而倒闭或出现提现困难的。下面将从平台自身情况和平台投资项目两个角度详细地分析这984家P2P问题平台。

（1）平台背景。在对984家经营不善的平台的成立背景进行抽样统计后发现，有5.8%平台是原有实体母公司旗下的子公司。30.2%家平台出身于线下的小贷公司和投资管理公司。

影响P2P平台运营能力好坏的因素之一是，平台是否保证提现和交易的顺利进

行。一般而言，平台具有一定程度的背景，能够为平台的信誉进行背书。而线下金融企业转移线上、具有互联网技术背景和具有母公司注资背景的平台，常被投资者认为在资源、风控、技术或资金上优于其他无背景的P2P平台。在统计中，经营不善的平台中有51.1%的P2P平台有上述背景，这说明投资者不能盲目相信平台的背景。线下与线上借贷存在一定的区别，传统金融行业不能完全照搬线下借贷经验，纵使有母公司背景或技术背景为平台信誉背书，也无法降低平台因自身经营不善而导致的风险。

（2）平台所在地。除了公司强大的背景外，平台所在地也是一个需要考虑的因素。一些平台即使初始运营很好，但却因处于"事故多发区"，也难免出现挤兑和提现困难问题。2014年年底的山东集体挤兑潮体现了这一点，频繁的跑路企业加剧了该地区对P2P平台投资的恐慌，进一步恶化了P2P市场；2017年浙江网贷平台草根金融出现暴雷，引发了浙江地区网贷平台连锁反应和全国网贷行业巨震，最终引发网贷平台大规模暴雷。

抽样选取了经营困难的100家网贷机构，描述了这些P2P公司所在地分布，从中可以看出，经营不善平台多集中在浙江、广东、北京、上海和江苏五个省市（共83家，占所有经营不善企业的83%）。具体说来，浙江经营不善平台最多，约占所有经营不善平台的28%。紧随其后的是广东，21家P2P平台的运营出现问题。北京市也处于"事故多发地带"，有16家经营问题平台；江苏、上海和山东等地也出现了很多经营不善平台。"事故多发区"地理位置上的分布本身就具有较高的线下借贷活动频繁度和经济发展水平。此外，浙江、广东和山东地区性的P2P问题平台爆发所引发的联动效应，使浙江、广东和山东被曝光的问题平台出现区域性的显著增长。除了这些高发区，云南、湖南、湖北、河北等地均出现问题平台，是平台爆发率较低的省市。具体见表3-3。

表3-3 经营不善企业所在地分布表（抽样）

| 地点 | 平台数量/家 |
| --- | --- |
| 浙江 | 28 |
| 广东 | 21 |
| 北京 | 16 |
| 上海 | 11 |
| 江苏 | 7 |
| 山东 | 5 |
| 云南 | 3 |
| 湖南 | 2 |
| 湖北 | 2 |
| 河北 | 2 |
| 重庆 | 1 |
| 安徽 | 1 |
| 四川 | 1 |
| 总计 | 100 |

(3) 平台运营时间。在考虑了公司背景和所在地之后，公司经营时间也是广大投资者考虑的因素之一。通常情况下，平台持续时间的长短在一定程度上反映了平台的风控能力。经统计，运营时间超过3年的公司有398家，约占所有调查对象的40.4%。其次，有331家平台运营时间为1~3年，这说明了729家平台有超过1年的运营时间。此外，开放时间为100~365天的平台有227家，占所有经营不善平台的27.4%。剩余28家平台运营时间较短，属于运营时间少于100天的"短命企业"。与诈骗和自融平台类似，经营不善平台平均运营时间相对较短，表明了P2P平台的相对脆弱性。

(4) 借款期限。对984家P2P经营不善平台的借款期限平均值进行统计后得知，除了92家问题平台借款期限无法考察外，有78家平台借款期限少于1个月。融资期限为1~3个月的平台有197家，占所有经营不善平台的20.2%，此外，借款期限在半年以上的平台有709家，占比约为72.1%。在选取的样本中，没有融资期限超过3年的平台。整体来看，大多数平台的融资期限在12个月以内，绝大多数平台的借款期限不超过3年。这些短期标虽然加快了投资者的资金流动速度，但是投资者需要慎重考虑。部分平台存在着金额拆标和期限拆标、构建资金池等现象，一旦新的标无法满额或者借款人无法按时还本付息，平台的资金链极易断裂。

(5) 借款额度。根据平台发标的融资额度上限对问题平台上借款项目的借款额度进行了统计和划分。其中，除了5家平台融资额度无法统计外，40%的P2P平台融资额度为10万~50万元是资金额度最为集中的区间。融资额度少于10万元和融资额度为50万~100万元的平台数量相同均占所有平台的21%。剩余5家平台融资额度超过200万元，属于大额贷款。由此可以看出，经营不善的P2P平台融资额度主要集中在50万元以下（占61%），也就是说属于小额贷款范围，超过200万元这样的大标只占少数。但是部分平台存在着将大标拆分成若干小标分期发布的现象，风险实际上并没有分散。所以，投资者在选择投资平台和投资产品时要注意调查资金的去向和各标的之间的关系。

(6) 年化收益率。以平台最高收益率为统计标准，经过对P2P经营不善平台进行统计后可以了解到，年化收益率大多集中在16%~24%，约占所有平台的84.91%。其中，收益率为18%~20%的平台数量最多，占比26.3%。次之的是收益率为20%~22%和22%~24%的平台，分别占比24.5%和18.9%。此外，年化收益率超过24%的平台仅占比1.8%，没有收益率低于8%的平台。由此可见，经营不善问题平台平均利率显著小于诈骗和自融平台。

### 三、网络借贷的风险分析

**1. 非法集资风险**

P2P网络借贷平台涉嫌非法集资的情况主要有两种：第一种，资金池，即P2P网络借贷平台通过将借款需求设计成理财产品的形式归集资金，投资人资金进入P2P网络借贷平台中间账户，产生资金池，P2P融资平台或负责人有能力动用池内资金。第二种，不合格借款人，即P2P网络借贷平台未尽到借款人身份真实性核查义务，未能及时发现借款人发布的虚假借款标，使其向不特定多数人募集资金，用于投资房地产、股票、债券、期货等市场，或高利贷出借赚取利差。

2. 诈骗风险

P2P 网贷行业自开始以来便有恶意诈骗平台出现，根据网贷之家公布的数据，自 2013 年至 2019 年 12 月底，18% 的问题平台属于诈骗平台。诈骗平台的发起目的就是骗取投资者的钱财，这些诈骗平台和其他问题平台一样拥有高利率、短借款期限和高人均借贷额等特征。通常诈骗平台与正常运营平台存在以下几个方面的差别：①平台网页，诈骗平台一般购买网贷系统模板，网页大多粗制滥造，甚至有诈骗平台抄袭或复制其他平台的信息，便上线运营。②平台产品，诈骗平台推出的产品通常存在产品属性或设计上的缺陷，如大量推出期限短和回报率高的秒标吸引投资者。秒标产生的风险主要体现在两个方面：一方面，大量使用秒标虽然在一定程度上能够活跃用户，提高用户体验，但这也会提高 P2P 网络借贷平台的交易量，实际为虚假繁荣，进而误导出借人。另一方面，由于秒标的时间较短，账户资金不会被冻结，这就可能造成平台在同一时间点投放大量秒标，在很短的时间内迅速吸收大量资金，增加平台卷款跑路的风险。③信息披露，诈骗平台的信息披露程度一般都较差，营业执照、团队构成及贷款等信息披露不足。④第三方机构，诈骗平台通常无第三方机构对平台上的资金进行托管。当前 P2P 网络借贷平台交易资金托管的中间账户，一般开设在银行或第三方支付平台。

3. 系统安全风险

由于 P2P 网络借贷交易是基于互联网完成的，所以系统安全风险对于 P2P 网络借贷平台而言尤为重要。系统安全风险主要是指 P2P 网络借贷平台系统基础设施较差或被外界黑客、病毒攻击而导致的风险，包括内部安全风险和外部攻击风险。

（1）内部安全风险。内部安全风险是指 P2P 网络借贷平台自身的交易系统的基础设施较差，以及内部工作人员采用各种手段攻入系统窃取借款人信息等引发的风险。P2P 网贷平台的交易系统是一个非常复杂的程序，平台可以选择自主开发或购买现成的平台系统代码，自主开发路径一般需要平台花费大量的资源和时间，因此一些中小规模或刚成立的平台会购买现成的平台系统代码。平台可以通过不同的渠道获取交易系统的代码，首先是通过代码的原始开发商，其次就是通过一些第三方商家购买"破解"的盗版代码。从正规渠道买来的代码价钱通常为几万元到几十万元，开发商也会根据价钱提供不同程度的售后技术支持和升级服务，从第三方商家购买的代码价钱可以是正规价格的十分之一甚至几百、几十元的源代码都有，但是无论企业是从哪个渠道获取的网络借贷交易系统的代码，它们都将面临不同程度的系统安全风险。此外，还有部分平台的系统安全设施较差，导致其内部管理人员可以利用程序漏洞获取用户信息和数据、修改用户的信息及转移用户资金，这将对投资者和平台造成一定的损失。

（2）外部攻击风险。外部攻击风险主要来自黑客、竞争对手或平台软件提供商，不同的外部安全风险来源拥有不同的目的，黑客的主要目标是利用平台上的客户信息获取金钱，竞争对手可能会通过一些技术的手段影响目标平台的正常运营，而平台软件提供商可能会将平台的数据直接出售给竞争对手或其他的第三方利益者。不管风险来源于哪里，一旦平台系统被外部攻击，最终都会给平台和借贷双方带来损失。另外，平台外部攻击风险的出现往往是因为内部系统安全较低。表3-4列举了外部攻击风险的来源和描述。

表3-4 外部攻击风险的来源和描述

| 风险来源 | 风险描述 |
| --- | --- |
| 黑客风险 | 黑客通过不同的方式获取用户的信息，用此信息获取额外的利益 |
| 网络流氓风险 | 竞争对手或其他的第三方利用不同的手段对平台的信息流量进行攻击，影响平台的正常使用 |
| 软件风险 | 软件提供商利用平台上的漏洞获取平台的信息 |

4. 信息披露涉及的风险

信息披露涉及的风险是指P2P网络借贷平台因未披露借款人的信息或平台的运营信息而给投资者带来的风险。P2P网络借贷平台只有主动披露这些情况，才能使投资者更好地了解平台的风险，进而做出合理的投资决策。目前我国大多P2P网络借贷平台并未披露此类信息，尤其是投资者最关心的坏账率指标更是很少披露。

5. 第三方机构涉及的风险

此外，担保公司必须具有融资性担保牌照才可以为P2P网络借贷交易提供担保，而无融资性担保牌照的担保公司原则上不能为P2P网络借贷交易提供担保。然而，当前很多平台合作的担保公司并不具备融资性担保牌照。

与P2P网络借贷交易相关的另一机构为第三方支付机构。一般P2P网络借贷平台将交易资金交由第三方支付机构或银行进行托管，但第三方支付机构只是资金的进出通道并不监管资金的来源或流向。此外，第三方支付机构的一些管理上的风险也会传递给P2P网络借贷平台的投资者。例如，P2P网络借贷平台申请第三方支付机构合作的条件过于简单，只需在第三方支付机构的网站上注册，提交公司的名称、营业执照号及结算账户信息，之后经第三方支付机构审核通过即可开通，平台无须缴纳保证金。如果平台提供虚假信息但开通了第三方支付渠道，就很容易获取平台交易的资金，增加平台卷款跑路的风险。

与P2P网络借贷交易相关的第三方机构还有保险公司。当前，跑路平台不断增加、风险不断积累的环境下，有些平台通过与保险公司合作来增加投资人的信任感。2014年5月财路通宣布与国寿财险北京分公司展开合作，这是第一家与保险公司合作的平台。之后，多家平台开始尝试与保险公司进行业务合作。然而，当前平台与保险公司的合作方式仍处于探索中，不能片面认为跟保险公司合作即资金获取本息都有保障。例如，有些平台只对借款抵押物进行投保，保险公司只对抵押物进行保障，而并不对该笔贷款进行保障。因此，当发生贷款逾期时投资人仍会遭受重大损失。实际上，即使对抵押物进行了投保，借款仍有逾期的可能，并不是有了保险公司承保，便能保证本金安全。

6. 信用风险

P2P 网络借贷平台的信用风险主要是指违约风险，即借款人不能按期足额还款所带来的风险。违约风险产生的原因主要有两个：一是借款人无还款意愿，二是借款人无足够的还款能力。这两种违约风险可能源于 P2P 网络借贷平台对借款人信息审核和额度授信的把控情况，因此将违约风险分为信息审核风险和额度授信风险。

（1）信息审核风险。信息审核风险是指 P2P 网络借贷平台未采用合适的信贷审核技术而导致的风险，主要包括未能鉴别借款人提供的资质证明材料的真伪和身份的真伪等情况。当前大部分平台对借款人的信息采用网上审核，而借款人提供到网上的资质证明材料极易伪造。

（2）额度授信风险。额度授信风险是指 P2P 网络借贷平台未有效评估借款人的还款能力而给予借款人不合适的信贷额度带来的风险。同一借款人提供相同的申请材料到不同平台，由于每个平台的风险控制系统不同，对同一信息的审核判断也不同，当前激烈的市场竞争压力，加之目标客户、产品与风险管理方法高度雷同的情况，很多平台为了提高平台交易量，会争夺目标客户，而额度授信则成为平台突出自身竞争优势、获取客户的工具，借款人的授信额度提高，则容易引起违约风险。

### 3.1.2 互联网支付的现状与风险分析

支付是经济活动的起点和终点，是其他金融服务得以开展的基础和平台。互联网支付的大发展促进了互联网经济的繁荣，同时也由于技术因素、经济社会环境因素、法律因素等带来了交易风险，并在融入以传统金融业为主体的金融体系中引来了行业的监管问题。创新是互联网支付发展的不竭动力，然而在创新发展过程中注重企业自控和行业自律问题，则是进一步保障和促进整个行业大发展的重要基础。

**一、互联网支付发展现状分析**

支付作为金融活动重要的组成部分，信息是其核心，而以信息技术和网络技术为基础发展起来的互联网，则与金融活动具有天然的结合性。自从 1995 年互联网开始引入我国，作为一种新技术，已经开始不断影响我国的金融业。1997 年招商银行率先在国内成立"一网通"品牌；1998 年中国银行完成第一笔网上支付业务。自此开始，国内银行业的网上银行如雨后春笋般开始纷纷上线，网上银行作为新平台，大大延伸了银行业务特别是支付业务服务内容、时间和空间。

同时，在我国互联网支付的发展过程中，银行之外的非金融机构，也成为互联网支付发展的重要力量。1999 年成立的首信易支付，作为国内第一家第三方支付平台，基于多家银行网银接入，成为众多网银的网关接口，提供了多卡种的一站式支付服务，拓展了服务的内容和效率，同时大大节约了支付成本。2003 年成立的支付宝，更由于因网购交易而诞生，而又因交易快速发展而壮大，发展至今已成为我国最大的第三方支付平台，提供了除交易、转账支付之外的生活缴费、手机充值等几十种支付拓展服务，被称为网上的"银联"。当前，互联网支付移动化——移动支付正日益成为产业创新和投资的热点,将成为未来金融服务领域的生力军。

1. 互联网支付的定义

根据国际清算银行的定义,"支付是付款人向收款人转移可以接受的货币债权。货币债权通常表现为现金、商业银行或中央银行存款等形式",以此定义为基础,互联网支付,即是以互联网平台为主要媒介,运用现代化的信息技术、电子化等手段在付款人和收款人之间进行的货币债权转移。

2. 互联网支付的模式

(1) 以业务主体为标准进行的划分。如果以开展互联网支付业务的主体为标准(见表3-5)进行划分,可基本分为网上银行和第三方支付(见表3-6)两种基本形式,而移动支付又分别是两种基本模式演进的高级阶段。其中,网上银行的开展主体为银行金融机构,可以说是传统银行机构通过网络平台的延伸;第三方支付是非金融机构基本互联网平台开展的支付业务,是构建于网上银行基础之上,服务于网上交易的个性化支付系统,其具体又可以分为独立型第三方支付平台、非独立型和纯网关型支付平台。

表3-5 以业务主体为标准的互联网支付模式

|  | 业务主体 | 构建基础 | 业务内容 | 移动化趋势 |
| --- | --- | --- | --- | --- |
| 网上银行 | 传统金融机构 | 央行支付清算系统 | 转账、汇款、生活缴费等 | 可向移动支付拓展 |
| 第三方支付 | 非金融机构 | 商业银行网上银行系统 | 支撑电子商务交易、转账汇款、生活服务等 | 可向移动支付拓展 |

表3-6 互联网支付模式中第三方支付的具体模式

| 类别 | 特征 | 典型代表 |
| --- | --- | --- |
| 非独立型支付平台 | 与特定的支付平台相关联具有担保服务的功能 | 支付宝、财付通等 |
| 独立型支付平台 | 不与特定的支付平台关联 | 快钱、汇付天下等 |
| 纯网关型支付平台 | 仅提供多银行的网上银行网关接口 | 银联在线 |

(2) 按支付终端及采取的具体支付方式进行的划分。以互联网支付所使用的终端来划分,可基本分为两种模式,即电脑终端模式和移动终端模式。如果按具体的支付方式来划分,上述两种模式均可采用账户充值和快捷支付绑定的方式进行支付。其中,移动支付又可以分为近场和远程两种,近场支付具体的支付介质又可划分为非接触式感应、声波支付、二维码扫描等,具体的分类见表3-7。

表3-7 以支付终端为标准的互联网支付模式

|  | 支付方式 | 支付介质 |
| --- | --- | --- |
| 电脑终端 | 账户充值、快捷支付绑定 | 在线数据加密传输 |
| 移动终端 | 账户充值、快捷支付绑定 | 非接触式感应、声波支付、二维码扫描等 |

3. 互联网支付的特征

互联网支付基于互联网技术产生,并随互联网经济的发展而进行了创新性的变革,具有以下鲜明的特征:

（1）高技术性。互联网支付依托于先进的通信技术和计算机技术产生，并随技术的变迁而深刻变革，从最初的网上银行到现在第三方支付、移动支付，所使用的数据加密传输技术、身份识别技术、安全防护技术，无不体现当前技术发展的最新成果。

（2）风险性。由于互联网支付基于开放的互联网平台，技术的不断发展及不完备性易带来支付系统的漏洞，也使基于开放平台开展的支付业务存在一定的风险性，需要不断引起关注。

（3）高效便捷性。互联网平台的 7×24 小时的工作模式，特别是移动支付的大发展，更使得互联网支付突破时空的限制，能真正实现无处不在的支付服务，支付效率将大大提升。这种提升体现在支付流程的简化、支付方式的简单、支付安全的加强等方面；同时，交易成本也将大大降低，主要体现于通信费用下降、跨行手续费的减免、全面的无纸化等方面。

（4）线上线下的融合性。互联网支付最初源于互联网平台，并基于互联网平台取得了大发展。移动终端和移动互联网的不断发展，使得未来的互联网支付将从最初的支撑线上交易，逐步通过移动终端，实现移动支付，从而使线下更大范围内的现金交易被移动支付所取代，最终形成大一统的互联网支付。

**二、互联网支付的风险分析**

支付风险是基于信息技术和计算机技术为基础的互联网支付所必然面对的，相对于一般网上银行来说，提供互联网支付服务的主体之一是非金融机构，这就使得互联网支付风险会更具复杂性。

1. 互联网支付传导的风险载体

①互联网支付风险传导的人员载体。互联网支付风险传导的人员载体包括互联网支付平台的内部员工和用户。类似于银行系统中的内部员工，除受有限理性约束外，多数操作风险事件的产生都与其非理性或主观故意有关。

②互联网支付风险传导的技术载体。

③互联网支付风险传导的业务载体。

2. 互联网支付风险的传导路径

互联网支付风险的传导路径是指互联网支付内外部一定的风险源通过一定的载体，沿着特定的交易或业务路径对互联网支付平台或一般用户产生的影响——风险或使风险加剧的过程。

①政策法律风险的传导路径。政策法律风险主要来自互联网支付平台外部，由于行业监管政策变动或调整，或相关法律事件发生，通过互联网平台的信息传播，会直接影响互联网支付平台业务的开展，以及用户对互联网支付工具的选择。此外，平台发生大规模套现或洗钱非法行为，会引发监管层的业务关注，严重者可能会引发内部整顿或吊销支付业务许可证，直接影响互联网支付平台的发展，造成用户流失。其具体的传导路径，如图 3-11 所示。

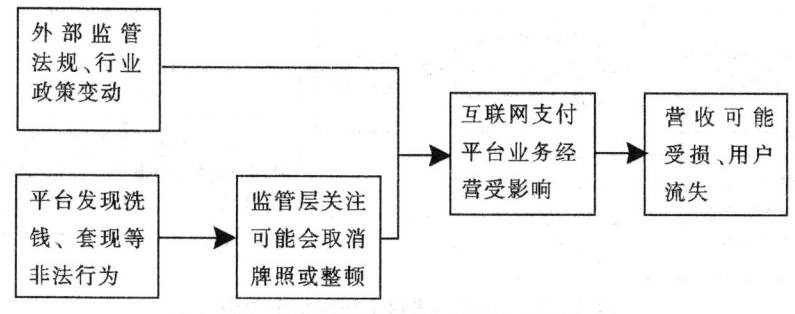

### 3 我国互联网金融发展现状、特征、风险

**图 3-11 互联网支付政策法律风险传导路径**

②信息安全风险的传导路径。信息安全风险是当前互联网支付平台面临的重要风险，因为互联网平台通常表现为信息系统。当前，无论是第三方支付行业还是移动支付行业，面临的同样问题是行业缺乏统一的安全规范。这样，就使得各平台运营商在平台建设上存着各自为政，技术水平参差不齐；硬件故障、业务流程设计不规范等会带来系统失灵；而不合理系统设计，加上"黑客"通过内部人员泄密等方式得到用户的关键信息，就可对用户的第三方账户进行攻击，这种攻击可能发生在业务开展的过程，也可能发生于非操作时间，极易造成用户账户资金被盗。上述种种安全事件一旦发生，必然会影响平台自身的信用风险，如果达到一定规模时，可能引发整个互联网支付行业的信任危机和系统性风险（如图 3-12 所示）。

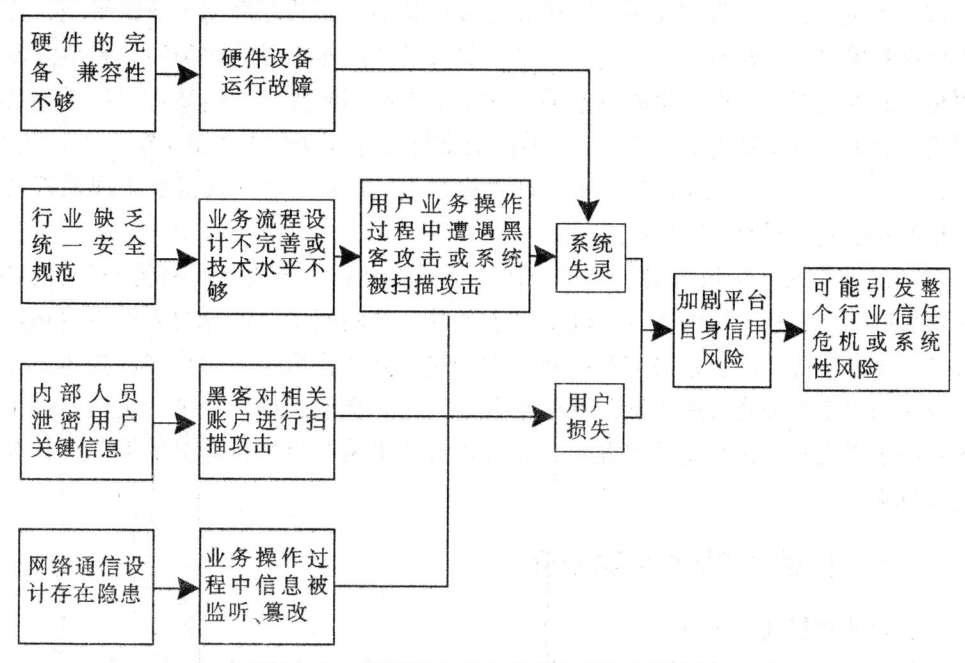

**图 3-12 互联网支付信息安全风险传导路径**

③信用风险的传导路径。信用风险直接表现在交易支付平台的流动性困难和外在声誉（如图 3-13）。

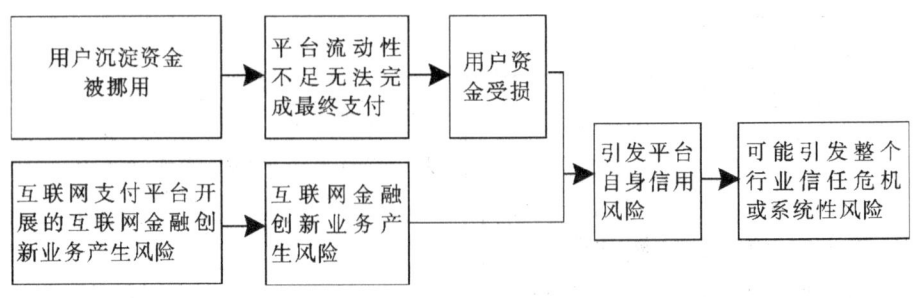

图 3-13　互联网支付信用风险传导路径

3. 互联网支付的风险特征

（1）**难防范性**。互联网支付风险难防范性体现在两个方面：一是互联网技术日新月异，新技术不断出现，人们在适应这些技术的同时不能完全驾驭。人类思维的非完备性决定了计算机系统漏洞的永远存在，技术的两面性决定了技术可能被不法分子利用从而带来互联网支付系统的风险，甚至有些风险根本无法提前预知，无法进行有效防范。此外，由于互联网支付的全天候，给人们带来方便快捷的同时，也给不法分子更多的作案时间。二是互联网支付行业，相对于银行系统来说，是一个产业链条相对较长的经济生态系统，在这一系统中，支付风险的化解是需要全产业链协调行动，共同防御，这在一定程度上增加了支付风险防范的难度。

（2）**易突发性**。互联网支付风险的易突发性是因为基于互联网开放的平台，技术的不断更新使得人们要不断去适应新技术，支付系统的使用者在防御知识和手段没有及时更新的情况下，面临威胁的技术手段和水平却在不断提升，使得在支付系统某些脆弱的环节上，极易发生安全事件。如专门对支付宝进行攻击的"支付宝大盗"病毒，"浮云木马"病毒，以及到最近又出现的"验证码"病毒，这些病毒的出现及不断变种，很容易引起互联网支付系统的风险。

（3）**强传染性**。互联网支付风险的强传染性体现在，当前互联网化普及得迅速，使人们通过社交工具、信息平台形成了一个极其广泛的网络，信息的大量传播和随意传播的习惯，使得不良信息很容易在网络中传递，同时将风险传向更多的群体。支付平台发生的安全事件将很快扩散到其他平台，引发公众的恐慌，会带来使用者对于支付平台的信用危机，在严重的情况下，有可能会产生挤兑事件，甚至带来整个行业的系统性风险。

### 3.1.3 众筹的现状与风险分析

**一、众筹发展现状分析**

我国的众筹行业主要经历三个阶段，分别为行业萌芽期（2011－2013年）、行业崛起期（2014－2016年）和行业出清洗牌期（2016年之后）。

2011年，众筹融资开始在我国出现，起初人们并未明确区分众筹融资的几类广义模式，整个行业主要围绕产品众筹及债权众筹发展。2013年年初，美微传媒公司在其淘宝店铺出售会员卡形式的公司原始股票，募集资金，涉及了较多的参与人员。虽然，国家证监会以不具备公开募股主体条件为由紧急叫停了该公司的众筹融资行为,责令其退还投资人资金,但该事件引起了国内财经业界的深度讨论,股权众筹逐渐进入人们的视野。可以说,2013年是股权众筹在我国发展的元年。这一阶段也成为我国众筹行业的萌芽期,这一阶段的主要特征为:开始出现众筹公司,但业务模式和发展方向不清楚,业务边界尚需讨论,合规监管尚未成型。

2014年,随着国家提出一系列发展资本市场和直接融资的政策,股权众筹在我国迅速发展,出现了一系列具有代表性的股权众筹网站,如天使汇、创投网、原始会等。通过对国内所有股权众筹融资平台进行了逐一调查,对历史以来的累计融资额进行统计后发现:国内股权众筹融资集中发生在2013年下半年以后。截至2016年12月底,共有31家股权众筹融资平台发布项目42 738项,成功融资项目764项,累计融资额23.57亿元,总体成功率1.79%,人均投资11.89万元,绝大多数平台分布在一线城市及江浙地区,且有45家为2015年新增平台。

汽车众筹的突然强势爆发,宛如为众筹行业打了一剂强心针。这一阶段为我国众筹行业的发展期,其主要特征为众筹平台数量快速增长,发布项目数量较多,成功融资项目较2014年之前出现大幅度增加,用户出现积累,行业发展逐渐进入社会目光。同时监管部门开始加大对股权融资平台的监管,制定行业准则和管理条例。

2017年开始,我国众筹行业进入到洗牌和行业出清阶段。在平台数量上,截至2019年底,仍在开展融资业务的众筹平台仅有133家,较2018年减少165家,同比2018年下降约35%;倒闭平台142家,同比2018年下降约20%;转型或下架平台27家,同比2018年下降约42%,新增平台仅4家。在经营业务方面,133家平台其中45家经营单一互联网股权融资业务,88家平台为同时经营两个及以上的互联网金融业务。在45家经营单一互联网股权融资业务平台中,有29家平台经营非公开股权融资业务,有11家平台经营公开股权融资业务,还有5家平台经营股权众筹业务。在融资方面,截至2019年底,有20家平台有天使轮投资,其中天使汇、多彩投、众筹客3家平台融资金额较多,达到千万级以上。在项目方面,133家平台累计发布融资项目55 066个。累计发布融资金额约778亿元。

从股权众筹的参与人群来看,目前国内股权众筹基本以私募投资为主,绝大部分投资人是传统私募股权天使投资人,也有部分私营企业家,草根投资者的数量较少。现阶段国内股权众筹融资的参与人数约为4.7万人,在人数方面远少于同期P2P网贷参与人数,且众筹头部平台"多彩投"和"金斧子",因存在大量负面舆情,造成行业参与人数不断下降。

从各平台发布的创业项目来看,项目大量集中在TMT,即科技(technology)、媒体(media)、通信(telecom)行业,且表现出高度的同质化特征。

**二、股权众筹融资平台的主要风险分析**

股权众筹融资作为互联网金融创新的主要形式之一,在我国发展历史较短,但其发展过程中存在着一系列的风险,而我国尚未形成完善的风险防范机制。下面以风险生成的阶段、风险生成的主体、风险引发的途径为线索，对股权众筹融资平台的风险进行识别和归类。

1. 道德风险

（1）平台自我融资导致的道德风险。引发道德风险的一个因素是平台的自我融资或为关联方融资的行为。国内股权融资平台经历行业出清后，仍未找到成熟的商业模式，且资金、用户等主要集中在头部平台，大部分平台营利性较差，经营团队、产品设计、风险管理、内控机制等各方面都表现出相互模仿、粗制滥造的特征。由于缺乏行业规范及金融监管，很多中小平台连最基本的第三方资金托管系统都未启用，上线运营的首要任务便是自我融资，且融资额普遍较高，超出平台注册资本的数倍。这种圈钱行为在整个行业越来越明显，甚至知名度较高的平台也在近期发起数轮自融。

从合规经营的角度来看，金融机构普遍禁止管理层从业务关联方获得经济利益，但在当前针对股权众筹平台的金融监管制度尚未建立的情况下，部分众筹平台事实上存在着为管理层的关联公司提供融资等利益输送现象，大额自融行为势必引发较高的道德风险，平台卷款携逃的可能性大大增加，这类平台涉嫌欺诈融资，存在极高的道德风险，应当严厉禁止。

第一种自我融资问题表现为平台实际控制人率先退出投资。例如，资本汇平台为其自身发布了天使基金项目，融资额高达5000万元，领投人为杭州晨创投资管理公司，其法人代表李军华同时也是资本汇平台的法人（如图3-14所示）。按照平台的运营规则，假如该基金成功募集，将由领头人李军华实际控制。因此，李军华借助自融项目不但成功从平台投资中脱身，同时也掌握了更大一笔资金的使用权。

图3-14 资本汇网站项目截图

第二种自我融资的问题表现为平台为关联方发起筹资项目。例如，青桐树众筹平台的法人代表为杨定平，其同时还创办了其他三家公司，分别是煜达P2P网贷、煜隆投资创业、盛世鸿雅家具。而在青桐树众筹平台上线的四个项目都在为杨定平本人控制的关联公司提供融资。

第三种自我融资的问题表现为平台利用数字货币等新兴技术进行变相自融。此模式较前两种自融模式更为隐蔽，同时数字货币的去中心化和匿名性更进一步加剧了风险。例如，国内股权众筹平台"大伙投"2017年宣布进军"ICO"（加密代币众筹），自我发行加密数字货币并进行众筹，本质上是一种变相自融，存在吸收公众存款的行为。ICO也在同年8月被监管部门认定为非法集资而叫停。

（2）平台审核不严导致的道德风险。从股权众筹平台的商业模式来看，平台的盈利水平与项目的成功融资高度正相关，因此平台具有降低审核标准、允许大量不合格项目上线募集资金的倾向。

第一种审查不严的问题表现为允许违法欺诈项目上线。例如，麒麟众筹平台于2015年4月15日上线了"傲世名媛健美生活馆"项目，项目发起方是"香港本色国际集团"。法定代表人杨长春在项目介绍中提到的分销模式事实上是一种变相的传销行为，入股投资人至少需要发展三层下线才能保证自己的收益，层层抽取的提成最终都将汇集到项目发起人杨长春名下。

第二种审查不严的问题表现为项目方在多个平台同时上线，重复融资。例如，长春润德农业科技有限公司拟为"鲜品驿站网上生鲜商城"进行股权众筹融资，但该公司却在大家投、资本汇、创投圈三个平台分别发布了项目，且出让股权的比例不同。这从一个侧面说明，该项目方事实上是在"空手套白狼"，无任何实缴资本，试图在多个平台重复融资。

2. 欺诈风险

（1）平台与项目方串谋的欺诈风险。理论上来说，股权众筹平台应当在投资者与项目方之间扮演信息中介的角色。但与其他互联网金融模式相比，股权众筹平台表现出的信息不对称性更强，从而提供了滋生欺诈风险的先天条件。

举例来说，"火塘牛肉旗舰店"股权众筹项目，在人人投平台上线，计划筹资金额300万元。如果投资人曾有过实体火锅店铺的投资经历，就能大体测算出项目欺诈的程度。按照2011年的物价水平，在中西部省会级城市，开办一家面积为600平方米、有80张餐台的火锅店铺，需要投入的总资金量为70万元左右，其中包括店面装修、半年的铺面租金、餐厨设备、员工工资及广告宣传等费用；如果再准备10万元的周转资金，总成本预算不会超过80万元。但为何"火塘牛肉旗舰店"项目需要融资300万元之多呢？通过对投资QQ群的长期追踪发现，类似这样的融资项目很可能涉及众筹平台套取项目方资金的情况，即：项目方最初并非要融资300万元，假定其融资需求为100万元；在项目审核及尽职调查完成后，平台确信该项目能够至少维持一段时间的稳定经营；之后进入上线宣传筹资阶段，此时的线上融资额会提升到300万元。若项目顺利完成融资，平台仅划转100万元给项目方，剩余的200万元将作为无息资金由平台长期支配控制。

从这一例子中可以发现，在信息不透明、缺乏相应监管的情况下，股权众筹平台伙同项目方设立资金池的行为极具隐蔽性，所涉及的金融欺诈风险比P2P融资模式更为严重。

（2）领投人与项目方串谋的欺诈风险。目前国内正规运营的股权众筹平台大多实行 AngelList 的"合投"模式，即通过增加领投人的出资份额，实现与跟投人的利益捆绑，由领投人承担尽职调查、审核筛选、投后管理等一系列责任。这种机制对平台的能力要求较高，需要平台对领头人设置严格的筛选标准。

但当前我国的股权众筹行业的不规范决定了平台无法做到严格的筛选，无法预防串通合谋行为。

例如，济南同仁经贸有限公司在济南市开设有小型连锁便利超市店约 20 家，2014 年 11 月，该公司在人人投平台发起了"佳合乐连锁便利店"股权众筹项目，拟募资开设两家新的连锁分店。根据人人投自行设计的规则，项目方在承诺投资 20% 以上份额后，可以直接成为领投人。该连锁超市项目于 2015 年 1 月 15 日完成筹资 50 万元，约有 30 位投资人参与跟投。到了 2015 年 3 月中旬，就有媒体报道了佳合乐连锁便利店倒闭的新闻。对该项目进行分析可以发现，人人投平台设计的"领投跟投"规则无法对投资人进行保护。由项目方出任自己项目的领投人，意味着两个权利主体相重叠，领投人与跟投人的利益未能有效绑定。在项目方成功筹资后，便存在隐匿逃逸、伪装投资失败的情况。事实上，济南国仁经贸有限公司由于资金链紧张，试图以开分店的名义占用众筹资金，并试图持续产生经营性亏损迫使众筹分店破产清算。

（3）承诺收益及无效保证的欺诈风险。通常初创企业往往面临商业模式不确定、市场分析不到位、团队磨合不稳定等问题，这使得股权投资大多属于风险极高的投资品种。巨额亏损甚至血本无归是大概率事件，项目方或融资平台根本无法保证投资收益，其不应对预期收益进行夸大宣传，诱骗投资人出资。由于国内信用体系尚不健全，违约成本相对较低，部分平台无视法律法规公开承诺投资回报，甚至对收益进行担保保证。

例如，"创投在线"发布的"如意水饺"项目承诺，每半年分红一次，预期年化收益 18%；能够保障投资人的本金安全，一年内无忧安全退出，分别用"红"和"保"字样标示。

（4）虚假汽车众筹等新众筹模式的欺诈风险。2016 年汽车众筹平台数量激增，此类平台的运营模式为汽车销售企业在众筹网站上以购买汽车为由进行众筹融资，并承诺给予投资人一定收益。汽车众筹从业务范围来看，可分为新车众筹、二手车众筹、进口车众筹、汽车租赁众筹等，其中大部分汽车众筹平台上所筹车辆以二手车为主。大多数二手车交易透明度低、水分较高，参与者水平参差不齐，汽车众筹平台在进入该领域时没有积累相关的经验和专业素养，已有部分汽车众筹平台出现了提现困难、停业甚至跑路等相关事件。而投资人对该模式不了解，极容易被诱导受骗。

例如 2018 年 8 月，山东"将车网"的汽车众筹平台疑似"庞氏骗局"，经营方或涉及经济诈骗。该平台利用宣传广告吸引消费者，如"购车首付 10%"，"首付超低、审核超快、提车迅速"等。短期内利用低价和方便贷款名目，收取了大量购车款，在获取到众筹款后，平台实控人"跑路"，受害准车主的金额从几万到三十多万元不等。

3. 操作风险

（1）IT系统安全的风险。股权众筹融资作为新兴互联网金融的主要形式之一，在服务方式上与传统金融模式具有显著差异，突出表现为参与主体虚拟化、业务边界模糊化、响应速度即时化的新特征。股权众筹融资平台兼有金融业和IT业的双重属性，这使得传统网络信息安全问题显著上升为金融安全问题，对平台的系统安全水平提出了更高要求。

从平台内部来看，海量用户信息在传输和存储过程中极易发生泄漏、盗取和篡改等情况，使投融资双方遭受不必要的损失，甚至危及正规金融体系的安全、稳定。尤其是众筹、P2P等平台，注册用户时都要求填写实名信息，包括姓名、身份证号码、手机号码、绑定银行卡、第三方支付账户等。这些隐私信息往往成为不法分子盗取的目标。

近年来如雨后春笋般成立的新平台在IT系统部署、人员培训、内控制度等方面的经验严重不足，导致后台数据库面临着权限分配混乱、内部人越权使用、关键信息无加密存储等安全威胁。例如，按照"信息"关键词搜索QQ群，就可发现多个群正在贩卖用户信息，这些基本都来自平台内鬼（如图3-15所示）。

图3-15 贩卖信息群查找结果截图

从平台外部来看，平台系统安全水平低下，致使黑客入侵并篡改信息，盗取投资人资金的情况已有先例。例如，淘宝网在售的众筹平台源代码多达上百种，价格最低的仅为两元。此类公开售卖的源代码漏洞百出，且无任何后续安全升级保障，极易被黑客攻破，造成用户隐私数据泄露、金融诈骗犯罪（如图3-16所示）。

图 3-16 贩卖破解软件商家截图

国内著名的计算机安全问题反馈及发布论坛 Wooyun 网就报告了数个众筹平台的安全漏洞。例如，众筹网平台存在用户密码重置等多处安全漏洞，并为蠕虫留下跨站脚本攻击（cross-site scripting, CSS）后门，而众筹网并不愿意修补，故意忽略此漏洞。

（2）人才储备不足的风险。从世界范围来看，股权众筹融资的项目方企业多属于初创型科技企业，具有商业模式不清晰、财务数据不透明、团队配合不成熟等天然劣势。这就对平台运营人员的风险控制能力、尽职调查水平提出了较高要求，其中职业经理人及领投人是股权众筹融资的关键角色。

国外成熟的股权众筹模式中，通常由平台的投资经理人及认证的领投人进行筹前审核调查，确定项目估值；例如，Wefunder 采取"直投"模式，由平台组织起一个专业的团队对项目方进行深入调研，审核项目方的背景及真实性、市场前景、未来估值等各方面信息。这项调研审核十分严格，使能在平台上发起股权众筹的项目都属于优质项目。AngelList 实行"合投"模式，其严格认证的领投人基本都是著名风险投资基金的合伙人或职业天使投资人，有些甚至是具有成功创业经历的企业创始人，这些领投人在股权投资领域有着极高的成绩和声誉。

而在中国，由于资本市场不发达，私人财富积累时间不长，职业投资经理人及领投人数量较少，其对平台而言往往是稀缺资源。新成立的平台基本无专业领投人资源，致使大量项目在宣传路演时还在征集领投人。尤其是近年来涌入股权众筹行业的新平台，运营人员普遍缺乏经营实体企业的经验，审核项目风险的能力低下，致使商业模式不清晰、盈利前景较差、无分红及退出机制的项目上线筹资，可见此类尽职调查的可信度极差。在国内实践中，部分平台会推举出资额最高的投资人担任领投，这种做

➡ 3 我国互联网金融发展现状、特征、风险

法具有积极的一面。但问题在于，众筹项目五花八门，分布在各行各业，钱多的投资人并非熟悉每一个行业的运作规律，这样推举出的领投人显然难以胜任。因此，总体来看，国内股权众筹平台面临专业人才匮乏的瓶颈制约，未来发展的人力资源风险较高。

(3) 产品缺陷导致的风险。2014年以来，国内股权众筹融资发展过于迅猛，平台和项目方对融资过程过分关注，以至于来不及细致商定投后管理及入股企业公司治理的条款细则，导致领投人股东及企业管理层肆意侵犯跟投股东的利益。正是由于国内股权众筹缺乏行业标准规范，未能就投后股权处置及管理进行约定，众筹产品在设计之初就存在严重缺陷，无法有效保护普通投资者的利益。

最典型的例子当属"西少爷肉夹馍"项目，2013年11月以来，其先后发起过两次股权众筹融资，共85万元。募资成功后，大股东围绕公司控制权持续内斗，使得公司股权比例发生变动，通常情况下，所有投资人应当重新签署合伙协议并办理股权变更登记。但正是由于两次众筹募资前，均未约定股份退出的具体细节，加之平台投后管理流于形式，小股东面临股份无法退出的险境。可见，国内股权众筹融资之所以面临着公司治理混乱和股东权益无法保障的问题，根源就在于平台设计的众筹产品一开始就未能充分考量股权架构、权益分配及退出机制。同时，平台方作为纯信息中介，缺乏认真履行投后管理、项目监督等后续服务的动力和意愿，投资人保护的承诺往往难以实现。

另一种产品缺陷在于平台不同种类业务交叉混业。由于P2P与众筹都具有互联网金融的概念属性，国内大量众筹平台存在着兼营P2P网贷的现象。而金融监管部门及行业协会对于网络融资平台"混业经营"尚无明文规定，一旦P2P业务出现违约，风险将很容易传递到众筹平台，可以说兼营P2P网贷存在交叉违约的风险。

投融桥平台先前主要从事P2P网贷，但在2018年10月，该平台同时上线了团贷网众筹模块，使得业务边界模糊，金融风险跨行业外溢的可能性急剧加大（图3-17）。这也说明当前我国互联网金融的相关法律法规亟待完善，制度建设已经迫在眉睫。

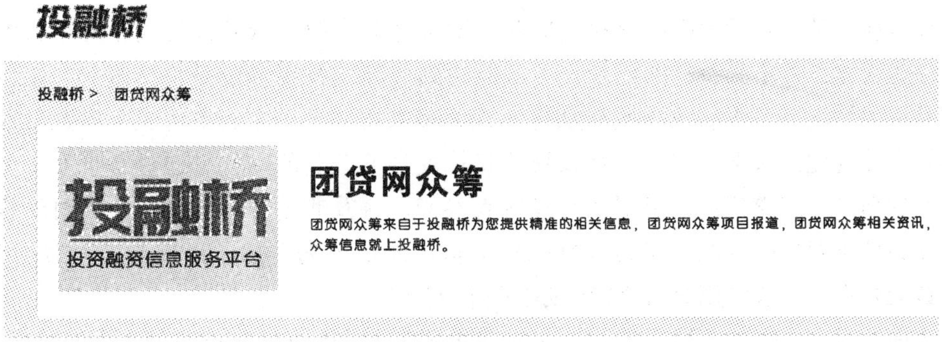

图 3-17 投融桥平台网站截图

### 4. 退出渠道风险

从股权众筹融资的一般流程来看，投资能够顺利地退出是权益性风险投资环节中的重要组成部分。无法顺利退出的风险投资就不能给投资人带来有效收益，项目方也无法获得回报，投资资金也无法有效循环。因此，当股权众筹融资形成完整闭环时，投资人保护才能顺利实现。当前国内平台普遍缺乏筹资完成后的管理服务，也没有任何持续性信息披露，投资退出渠道更是一片空白。

事实上，股权众筹融资成功后还将涉及股权托管、份额确权、投后管理、收益分红及交易转让等环节。如果让各家平台独立建设股权管理交易系统，一方面将增加平台运营成本、人力成本，另一方面无法集中社会民间资本力量，会降低众筹股份的流动性。因此，建设全国性质的股权托管报价转让系统就显得尤为必要，它能够在一定程度上解决股权众筹平台退出渠道缺失的问题。

### 5. 法律风险

没有规矩，不成方圆。股权众筹融资在世界范围内都还处于发展的初期阶段，各国金融监管部门普遍缺乏具有针对性的法律法规约束机制。同时，大多数融资平台自身的管理经验也积累不足，股权性质的融资极容易在实践过程中演化为非法金融活动。因此，股权众筹融资平台面临的首要风险便是法律风险，具体来说包括非法发行证券风险和非法集资风险。

（1）非法发行证券的风险。在股权众筹融资平台上推介、出让企业股份，并在未来取得权益性回报的募资的行为，在本质上属于公开发行证券。《中华人民共和国证券法》第10条明确规定，向社会公开发行股份，必须符合法律、行政法规规定的条件，经国务院证券监督管理机构核准，并由依法设立的证券经营机构承销，未经依法核准，任何单位和个人不得公开发行证券；同时，公开发行证券具有明确的认定标准。①向不特定对象发行证券；②向特定对象发行证券累计超过200人，除此之外，《中华人民共和国证券法》没有给出任何豁免的规定。

这里有两个关键要点值得探讨：一是法律法规规定了公开发行的基本条件；二是非公开发行的认定标准具有变通的空间。首先，当前国内兴起的股权众筹平台大多不具备任何涉及证券发行承销的资格。同时，融资企业在股权众筹计划发布时项目通常尚未注册成立，并不具备财务记录，不可能达到公开发行证券的条件。因此，在没有政策豁免的情况下，当前我国股权众筹实践大多采用非公开发行的方式。其次，股权众筹具有社会化的显著特点，在互联网信息技术高度普及的时代，通过平台发布的股权众筹计划必然广泛传播，吸引大量投资者参与，触及非公开发行的界限；对于投资人必须为特定对象的要求，平台通常采取会员注册认证的办法予以规避；而对于200人人数的要求，一般采用股份代持的办法进行变通。

表面来看，上述技术性手段在一定程度上规避了非法发行证券的法律风险，但合法性问题依然未能解决。

（2）非法集资的风险。我国最高人民法院《关于审理非法集资刑事案件具体应用法律若干问题的解释》第1条明确规定,任何未经有关部门批准、向不特定对象筹集资金,并承诺以货币、实物、股权等方式还本付息或者给付回报的行为,即可认定涉嫌非法集资。从构成要件的分析来看,首先,国家现行的法律法规从未批准过任何股权众筹融资平台,平台运营尚不具备合法性基础。其次,股权众筹平台以互联网网站的形式,供任意个体访问、注册,平台天然地具有向社会公开宣传的本质属性,平台上的投资人基本属于"非特定对象"的范畴。最后,平台向投资人承诺在一定期限内按股权份额给予回报。

可见,股权众筹平台的运营模式与非法集资的构成要件极为吻合,一旦操作不当,极易达到刑事立案追诉标准。因此,股权众筹融资平台面临着非法集资的法律风险。

(3) 经营者的法律风险。对于众筹平台经营者,其法律风险有三个方面。一是民事法律风险,二是刑事法律风险,三是行政许可的法律风险。

从民事法律来讲,众筹平台参与者众多,众筹平台应该从项目核准上充分审核,如果因其审核不严,导致投资者的资金被骗,或者因项目发起者违约,导致投资者资金无法保障的,则有可能导致以平台经营者为被告的大量民事诉讼。

刑事法律风险主要体现在非法集资、集资诈骗犯罪。如果众筹平台在无明确投资项目的情况下,事先归集投资者资金,形成资金池,然后才进行招募项目,再对项目进行投资,则存在非法集资的嫌疑。如果众筹平台在投资人、融资人不知情的情况下,私自将资金挪做他用,更有可能构成集资诈骗犯罪。

行政许可的法律风险。法律规定,未经中国人民银行许可,任何非金融机构和个人不得从事或变相从事支付业务。众筹平台没有取得支付业务许可证,但实际上一些平台往往充当支付者的角色。这完全有可能导致执法部门的处罚及制裁。

## 3.1.4 互联网理财的现状与风险分析

互联网的长尾效应聚合个人用户零散资金,既提高了互联网理财运营商在商业谈判中的地位,也使个人零散资金获得更高的收益回报。随着互联网理财用户数量与资金规模的快速壮大,互联网理财的风险引发了业内的学术探讨,也引起了监管部门的高度重视,对互联网理财实施监管的声音层出不穷。

**一、互联网理财发展现状分析**

1. 互联网理财爆发的金融背景

(1) 长期的金融压抑。在金融压制的背景下,小额零散资金无法得到有效的配置,一方面居民的理财需求无的放矢,追求资金合理回报的预期较为强烈,然而当前低额的存款利率没有反映社会真实的融资成本,小额零散资金发挥不了规模效应,只能通过银行聚少成多实现资金配置。另一方面是企业,尤其是小微企业的资金需求旺盛,但是却很难通过银行获取低成本的运营资金,通过社会融资渠道获取的资金成本较高,束缚了企业的发展。互联网理财平台的出现,实现了二者需求的有效对接,提高了居民手中小额零散资金的回报率,一定程度上降低了企业尤其是小微企业的融资成本。

（2）零售金融需求释放渠道的匮乏。

（3）海量非结构化金融相关数据处理能力的提升。传统金融机构只能靠一些结构化数据，互联网金融从信息层面入手，改造传统的金融，形成了处理大量非结构化数据的能力，如性别、年龄、身份、地址等。互联网金融具有一套收集、处理、计算、分配系统，在信息收集、处理、计算、分配上，比传统金融业更加有优势，使得信息成本大幅下降，提高了信用信息处理能力和风险管理的效率，促进了普惠金融的实施。

2. 互联网理财发展的积极意义

（1）释放大众的财务管理需求。近10年来，随着人均收入水平的不断提高，国民手中的财富日益增加，财富管理需求渴望得到释放。尤其是不能满足传统金融机构投资门槛的普通人，能够有渠道进行财富管理活动。通过互联网理财，可以节省投资者的时间和交通成本，有助于其利用碎片化时间进行有效的资金管理。从而，越来越多的普通人可以把零散的资金投入其中。

（2）深入推进实施普惠金融。深化利率和汇率市场化改革。健全金融监管体系，守住不发生系统性金融风险的底线。在全球经济下行的巨大压力面前，深入推进实施普惠金融，加大对中小微企业金融支持力度，将有助于保护产业链、提高经济增长水平和保证就业人数。

由于利率管制，我国商业银行活期存款利率长期以来处于较低水平，同业市场利率是活期存款利率的十几倍。长期以来，同业市场利率由拥有大额资金的机构投资者独享。余额宝及其后发展起来的互联网理财产品是利率市场化实践中的有益尝试。余额宝、理财通等互联网理财产品不但收益率达到同业存款水平，而且门槛较低、流动性高，更适合中低收入群体进行投资。普通投资者可以借此享受银行间同业利率，一定程度上实现了普惠金融。

3. 互联网理财产品的内涵

（1）产品内涵。互联网金融是借助于互联网技术而实现的资金需求者和投资人之间的"连接"，由此造成了对银行和交易所功能的部分或全部取代；因取代功能的不同，就形成了多种多样不同的互联网金融业态，有的更接近间接融资模式，有的则更接近直接融资模式。互联网理财则是传统理财业务在互联网领域的延伸，最大的创新在于其充分借助了互联网这一快速、低成本的渠道。通过互联网发行理财产品，传统金融机构或互联网企业将募集资金用于投资，利用投资收益向理财产品持有者支付本息（张明，2016）。

中国人民银行发布的《中国金融稳定报告2014》，将互联网理财界定为基于互联网的基金销售，并将其归属为互联网金融的六大类业态之一。同时提出，按照网络销售平台的不同，基于互联网的基金销售可以分为两类：一是基于自有网络平台的基金销售，实质是传统基金销售渠道的互联网化，即基金公司等基金销售机构通过互联网平台为投资人提供基金销售服务。二是基于非自有网络平台的基金销售，实质是基金销售机构借助其他互联网机构平台开展的基金销售行为,包括在第三方电子商务平台开设"网店"销售基金、基于第三方支付平台的基金销售等多种模式。其中,基金公司基于第三方支付平台的基金销售本质是基金公司通过第三方支付平台的直销行为,使客户可以方便地通过网络支付平台购买和赎回基金。

中国人民银行发布的《中国金融稳定报告2018》指出,金融科技的发展正在深刻改变金融业的服务方式,在资产管理领域,智能投资顾问就是一个突出体现。近年来,智能投资顾问在美国市场快速崛起,目前国内也有数十家机构推出了该项业务。运用人工智能技术开展投资顾问、资产管理等业务,服务对象多为长尾客户,风险承受能力较低,如果投资者适当性管理、风险提示不到位,容易引发不稳定事件,算法同质化、技术局限、网络安全等问题也不容忽视。为此,《关于规范金融机构资产管理业务的指导意见》从前瞻性角度,对人工智能技术的运用进行了规范。一方面,运用人工智能技术开展投资顾问业务应取得投资顾问资质,非金融机构不得借助智能投资顾问超范围经营或变相开展资产管理业务。

(2) 产品特征。"宝"类产品属于一种理财账户或者说是理财服务,将资金存入即为购买相应的货币基金的产品,并可享受诸如收益增值、快速取现、还款购物等附加服务。余额宝属于典型的货币市场基金,其创新点在于充分运用互联网技术的创新,实现通过第三方电子商务平台的基金销售模式。这一点从其产品介绍中得以体现:"余额宝是支付宝最新推出的余额增值服务,把钱转入余额宝中就可获得一定的收益,实际上是购买了一款由天弘基金提供的名为'增利宝'的货币基金。余额宝内的资金还能随时用于网购消费和转账;支持支付宝账户余额支付、储蓄卡快捷支付(含卡通)的资金转入"。又如理财通是"财付通与微信携手基金公司推出的理财增值服务",购买理财通,"相当于购买了货币基金,每天可获得比银行活期利息高14～18倍的收益;收益每天分配,且每天的收益计入本金,享受复利收益;支持资金随时购买赎回,快速到账,方便打理"。

"宝"类理财产品是将基金公司的销售系统内置到支付宝网站中,用户将资金转入余额宝的过程中,支付宝和基金公司通过系统的对接将一站式为用户完成基金开户、基金购买等过程,整个流程像是给支付宝充值一样。货币市场基金的投资主要是银行协议存款。以余额宝为例,其筹集的资金有90%以上投向银行同业存款。由于普通投资者无法进入这一市场,余额宝就起到了"团购"的作用。众多零散资金汇聚成庞大的规模,再由天弘基金以远高于一般存款的利率存为同业存款。这使普通投资者用少量资金也享受到同业存款的高额收益。

(3) 互联网理财的实质。互联网金融并没有改变金融的功能和本质,其创新的是业务技术和经营模式(张晓朴,2016)。对于传统金融而言,互联网金融的核心功能不变,金融契约内涵不变,金融风险、外部性等概念的内涵也不变。

因此,以"宝"类理财产品为代表的互联网理财,是一种由基金公司与互联网机构或传统金融机构合力打造的一项以互联网为平台、以货币市场基金为基础、以余额增值为特点的综合性金融业务。其中,理财产品的收益高低与其挂钩的货币基金收益密切相关,购入与变现的时间与合作机构及协议相关联,所享受的增值服务类型则取决于与基金公司合作的平台性质。

### 4. 互联网理财未来的发展趋势

互联网机构讲究的是平台模式,而平台模式一大重要特征是具有双边市场的性质,既有需求,又有供给。传统金融与互联网企业的比较优势(见表3-8)。

表3-8 传统金融机构和互联网机构的比较优势

| | 传统金融机构 | 互联网机构 |
|---|---|---|
| 比较优势 | 线下垄断 | 开放、平等、协作、分享的互联网精神 |
| | 专业化的金融服务能力 | 大数据处理能力 |
| | 雄厚的资本支持 | 长尾效应 |
| | | 平台模式 |

依靠货币基金的互联网理财模式即将触及"天花板"(吴晓灵,2016)。在当前相对宽松的资金面下,随着互联网理财产品同质化、白热化的竞争,货币基金规模发展的空间已经有限。在利率市场化逐步推进,以及中央连续发生降低企业融资成本的指导精神下,互联网理财产品持续的高收益率重现的概率微乎其微。因此,仅仅依靠货币基金实现投资的模式难以持续,未来,互联网机构和传统金融机构需要进一步运用各自优势,积极尝试创新以及合作模式。

### 二、互联网理财的风险分析

在国内大众理财供求关系长期失衡的背景下,互联网理财的出现成为释放需求压力的渠道之一,尤其是零散小额资金的投资需求。互联网理财平台"聚沙成塔",集中大量的小额零散资金后,主要用于购买货币基金,目前的投向主要是银行协议存款。大规模的资金运转直面的是多元化的金融风险,通过深入分析风险的发生、传导机理,才能形成及时有效的防范和化解风险的举措。

#### (一)互联网理财的风险类型

从风险管理的视角来看,传统金融风险仍然是开展互联网金融业务的企业主要面对的风险,而非金融风险在互联网金融的发展中也会显示出来。刘志洋、汤珂(2016)提出互联网金融企业面临的金融风险主要包括信用风险、流动性风险和市场风险,非金融风险则主要包括战略风险、声誉风险、法律合规风险、信息科技风险和操作风险。

具体到互联网理财,如果从风险的起源探讨,可以包括基于理财平台的风险,如信用风险、信息科技风险、操作风险等;基于理财产品的风险,如流动性风险、最后贷款人风险;基于理财环境的风险,主要有市场风险、法律合规风险、竞争风险等;基于投资者的风险,如可能引起洗钱行为的道德风险。

### 1. 信用风险

信用风险或者称为违约风险,即互联网理财产品能否实现其承诺的投资收益率,尤其是高额的收益率。承诺较高的市场收益率成为"宝"类理财产品普遍的宣传口号,也是其博取投资者眼球和吸引投资者进入的重要手段。然而,除非在市场流动性极其紧张的情况下，否则理财产品的本质决定其很难获得承诺的高额收益。

一方面，投资者未必能够获得产品承诺的高收益。从资金的投向来看，理财产品主要投资于国债、银行票据、商业票据、定期存款等固定收益型产品。实质上，"宝"类产品是把网上零散资金归集起来，然后再投资比活期存款更高一些收益的货币基金，本身并不创造价值。一般而言，这类产品的收益率仅仅是比1年期以上的定期存款利率略高，综合近几年市场利率的走势来看，其收益率在1年期定期存款利率上浮10%~20%是相对稳定的，但长期实现高回报的概率是较低的。

票据理财产品同样存在信用风险。部分票据类理财产品出现的超高收益现象是不合理、不可持续的。银行票据贴现水平是票据理财产品收益的指南针。目前，半年期的票据贴现利率一般在2%左右，年化也不过4.3%~5%。如果互联网票据理财产品收益高于7%，甚至达10%，主要还是互联网平台为了推广业务，自己贴钱来吸引投资者眼球。此外，票据理财往往带有一定期限，投资者一旦投入资金就需等到期满才能赎回，否则就无法享受收益。

2. 信息科技风险

因为互联网对金融的渗透，信息科技风险或者称为信息安全风险，在互联网理财行为中更为突出。尤其是与第三方支付捆绑的模式更容易加剧信息科技风险。

3. 操作风险

刘志洋、汤珂（2016）提出，操作风险包括：①系统和交易的安全，如数据的保密性、是否对第三方进入进行授权、保证网站正常运行等。最为典型的是外包所带来的操作风险，外包将在一个业务流程中产生更多的服务链条，虽然有助于企业降低成本，但却降低了企业对外包项目的控制能力，增加了操作风险。②潜在客户数量预测的失误，如果对潜在客户数目预测偏少，企业就难以很好地满足客户需求。

4. 流动性风险

保持良好的流动性，是金融机构和企业经营管理的一项基本原则。资金的期限错配是造成金融主体流动性不足的重要因素之一。作为一项投资行为，互联网理财也存在着期限错配风险。对于互联网理财而言，流动性风险主要体现在资金的大规模集中赎回。作为客户购买的基金产品，互联网理财不属于客户备付金的缴存范围，互联网机构就不必为转存的资金缴存备付金。在以转出或支付的形式赎回基金的过程中，互联网机构只能利用本公司的自有资金或客户备付金垫付基金赎回资金，才能实现实时到账。由于互联网理财产品往往与支付产品相绑定，因此节假日或是购物高峰期成为资金赎回的重要节点。近年来的"双十一""双十二"等购物高峰时段，在互联网企业承诺"T+0"交易机制下，往往会迎来资金的大规模集中赎回，成为互联网机构乃至协议存款金融机构的流动性风险。

5. 最后贷款人风险

互联网金融目前面临监管缺失的格局，因此运营成本较低，但如果缺乏最后贷款人保护，那么一旦互联网金融产品违约，理财用户很可能要为此埋单。

6. 市场风险

货币市场基金的收益很大程度上受到市场利率波动的影响。由于互联网理财购买的主要是货币市场基金，而货币市场基金主要投向银行协议存款，而银行协议存款这种方式将直接受到利率波动的影响，因此，互联网理财的收益情况将很大程度上受到利率波动的影响。在社会资金偏紧，整体利率水平偏高，货币市场基金有机会博取较高的利差收益。如果利率实现了市场化，在利率波动较大时，一旦利率水平下降，货币市场基金就难以获得利差收益，各种"宝"类互联网理财产品也将无法应对广大的用户。

宽松的市场资金面限制了利率的大幅上升，进而限制了互联网理财产品的收益水平。进入2016年以来，在货币政策略显宽松的背景下，"宝"类产品收益率一路下跌，只高出1年期存款利率1个百分点左右。对比2014年互联网理财产品推出伊始7%、6%的"辉煌"收益率，2015年下半年以来，"宝"类产品收益率一路下滑，进入8月后，各类理财宝的7日年化收益基本低于5%。此后"宝"类理财产品收益率持续走低，截至2019年底，"宝"类理财产品平均7日年化收益率在3%左右的水平，收益区间主要处于3%~3.5%。近期受疫情影响，全球央行大量释放流动性，余额宝7日年化收益率首次跌破2.0%。

7. 法律合规风险

法律合规风险是指金融机构或企业在经济活动中因违反法律而引致的风险。法律风险主要来自两个方面：一是法律环境因素，包括立法不完善，执法不公正，合同相对人失信、违约、欺诈等；二是金融机构或企业自身法律意识淡薄，对法律环境认知不够，经济决策不考虑法律因素，甚至违规违法经营等。

8. 竞争风险

互联网理财产品的竞争风险主要来自商业银行。"宝"类产品由于其客户群体的广泛性与操作的便利性，在小额投资方面有较强的吸引力。其发展一方面蚕食了银行的部分存款来源，另一方面与银行的理财产品形成竞争。"宝"类产品投向银行协议存款，使得银行的负债端由一般存款向同业存款转化，增加了银行的负债成本。

目前的监管思路一方面是限制额度，另一方面是维护市场公平竞争，不允许存在提前支取存款或提前终止服务而仍按原约定期限利率计息或收费标准收费等不合理的合同条款，未来还有可能对其采取类似银行准备金、存贷比等的更严厉的监管措施。这些监管措施将限制"宝"类产品的发展规模和资金投向，降低"宝"类的吸引力，使得银行的相对竞争力得到恢复与提升。

9. 道德风险

洗钱风险是道德风险。由于操作流程相对简单便捷，客户身份可识别性不强，导致互联网理财增加了洗钱风险。尤其是互联网货币基金的无形性、隐匿性和便捷性可能被洗钱分子利用，从而基金投资成为非法收益的洗钱工具。

### 3 我国互联网金融发展现状、特征、风险

(二) 互联网理财的风险特点

1. 负外部性

与P2P、众筹等模式相比，互联网理财的"长尾"效应更为明显，进一步拓展了风险的可能性边界与影响力。

2. 传染性

基于互联网"开放"和"即刻传播"的特征，互联网金融的风险特征还体现为"传染性"和"快速转化性"。阿西莫格鲁（Acemoglu）、厄兹达拉尔（Ozdaglar）和萨利希（Tahbaz-Salehi）的研究认为，在金融危机来临时，由于传染性的存在，金融风险反而传递更广泛，其载体则是信息。由此，当金融体系处在动荡期时，信息的快速传导会使得消费者在同一时间做出同一决策，形成"个体理性加总不等于整体理性"的情形发生，加速传染的蔓延。

3. 快速转化性

由于"即刻传播"特性，互联网加速了不同风险之间的快速转化性。对于互联网理财产品来说，风险的快速转化性较为显著。

(三) 互联网理财风险的起源与传导

作为传统理财业务在互联网领域的延伸，互联网理财既具有类比于传统金融产品的风险，也存在由于创新后所呈现的独特风险。从风险发生的源头来看，风险的产生将主要基于理财平台、理财产品、投资者以及外部环境等方面。

1. 源自理财平台的风险

(1) 信用风险。当互联网理财平台无法实现其所承诺的高收益率时，一方面造成投资者由于误导而加大了机会成本，另一方面也会造成互联网理财平台的声誉受到损失，从而影响其可持续性发展。

互联网理财平台宣称高收益率目的主要是通过赚取眼球，吸引个人投资者进入。其手段通常有两个，一是占用资金的机会成本，二是使用虚假预期。前者的操作手段打"年化收益率"的擦边球，拉长资金申购和赎回的时间。例如，宣称某理财产品年化收益率可达8%，存续期不设限，但是申购和赎回不实施"T+0"或是"T+1"等方式，大幅延长申购和赎回时间，相对于无偿占有投资者的资金成本，如果将申购和赎回时间计算在内的话，年化收益率可能会大幅下降。后者往往使用"最高""最优"等字眼，购买的则可能是风险水平相对更高的其他金融产品，甚至是一些非保本的金融产品。

信用风险很大程度上是由于互联网理财平台的过度甚至是虚假宣传，但直接误导的是个人投资者。因此，从资金成本这一角度来看，个人投资者往往是信用风险的直接受损者。尤其是对于一些资金额度相对更高的投资者来说，定期存款、银行理财产品、债券基金等可能是更好的投资标的。随着经济增速进入下行通道，应更注重的是资产质量和风险控制。因此考虑一款理财产品，收益率绝不是第一位的，而是要把本金不受损失放到第一位。

在网络信息高度透明的状态下，信用风险将会通过投资者传递至互联网机构。在

无法满足其初始承诺的高收益情况下,网络平台的声誉将遭受损失。信誉度下降,对于其后续的经营将造成不利影响,尤其是当前销售互联网理财产品的主体都是传统的电商。在电商竞争日渐白热化的趋势下,声誉风险会进一步影响其整体发展,很可能将客户的信任度和忠诚度拱手让与竞争对手。

(2)信息科技风险。与传统金融机构理财业务相比,互联网理财的基础之一是对互联网电子信息技术的高度依赖。因此,互联网生态环境的健康运转是互联网理财健康发展的必要前提。信息安全主要是要防范由于恶意攻击行为导致的投资者资产损失的情况。一旦用户的信息遭到损坏,投资者的经济利益损失首当其冲。如果信息安全问题是由于互联网理财平台的信息技术防范手段未能起到应有作用的话,互联网企业也将负有偿付责任。

(3)操作风险。在开展互联网理财业务的过程中,互联网理财平台会将一些业务进行外包,以降低企业成本。然而,由于外包将在一个业务流程中产生更多的服务链条,由此降低了企业对外包项目的控制能力。

外包带来的操作风险既存在信息外泄等非技术性风险,也存在外包企业遭受网络信息攻击的技术性风险。风险的产生都将从外包企业传递到互联网理财平台和投资者,造成企业的声誉损失和个人投资者的信息外泄,甚至是财产损失。

2. 源自理财产品的风险

(1)流动性风险。货币基金作为现金管理工具,经常要面对大量资金的流入流出,特别是在节日、季末等特殊时点,资金单边流动往往较为剧烈。正是在这一现实的基础上,2016年1月1日公布施行的《货币市场基金监督管理办法》对货币基金的资产变现能力、到期期限等做出了要求,包括投资资产必须限于具有良好流动性的资产、货币基金资产平均存续期不得超过120天等。监管部门对货币基金投资范围的相关要求(见表3-9)。

表3-9 货币基金投资范围的相关要求

| | 允许投资 | 不允许投资 |
|---|---|---|
| 投资范围 | 现金、银行存款、债券回购、中央银行票据、同业存单、债券、非金融企业债务融资工具、资产支持证券以及证监会和央行认可的其他具有良好流动性的货币市场工具 | 股票、可转换债券、可交换债券;信用等级在AA+以下的债券与非金融企业债务融资工具、证监会和央行禁止投资的其他金融工具 |
| 期限规定 | 银行存款、债券回购、中央银行票据、同业存单均限1年期内;债券、非金融企业债务融资工具、资产支持证券限397天内 | 平均期限不得超过120天;平均剩余存续期不得超过240天 |
| 评级限制 | AA+和AAA评级债券 | AA+以下债券与非金融企业债务融资工具 |
| 集中度要求 | 同一公司企业债券不超过净值10%;货币市场基金投资于有固定期限银行存款的比例,不得超过基金资产净值的30%;同一商业银行的银行存款、同业存单占基金资产净值的比例合计不得超过20% | |

续表

| | 允许投资 | 不允许投资 |
|---|---|---|
| 投资组合要求 | 现金、国债、中央银行票据、政策性金融债券占基金资产净值的比例合计不得低于5%；现金、国债、中央银行票据、政策性金融债券以及五个交易日内到期的其他金融工具占基金资产净值的比例合计不得低于10%；到期日在10个交易日以上的逆回购、银行定期存款等流动性受限资产投资占基金资产净值的比例合计不得超过30%；除发生巨额赎回、连续3个交易日累计赎回20%以上或者连续5个交易日累计赎回30%以上的情形外，债券正回购的资金余额占基金资产净值的比例不得超过20% | |
| 其他要求 | 建立健全内部流动性风险控制制度，细化流动性风险管理措施；按规定进行信息披露 | 将客户备付金用于基金赎回垫支；使用夸大或者虚假用语宣传增值服务 |

流动性风险产生于投资者的集中兑付，由于互联网理财平台不需要缴纳存款准备金，集中兑付造成的流动性风险较传统金融机构而言更为明显。投资者的集中兑付，首先对互联网理财平台造成兑付压力，由于互联网理财产品主要是货币基金，货币基金主要投向银行协议存款，如果提前支取银行协议存款罚息的情况下，互联网理财平台将首先遭到损失，互联网理财的运作模式与资金投向如图3-18所示。

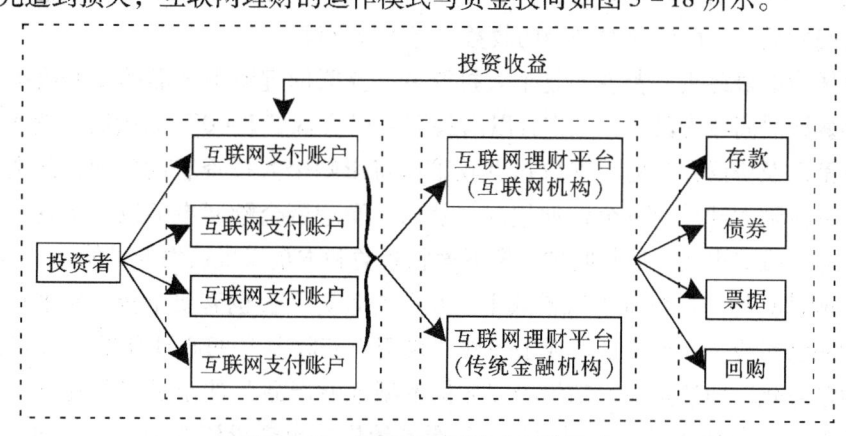

**图3-18 互联网理财资金运作模式**

（2）最后贷款人风险。最后贷款人机制类似于存款保险制度，是对投资者一项主要的保障机制。与传统金融机构的互联网理财产品相比，互联网机构缺失了最后贷款人机制。互联网机构既不需要向中国人民银行缴纳法定准备金，也没有建立存款保险金，更不需要受央行拨备指标、流动性指标等多方面的管制。然而，这些管制的缺乏恰恰形成了互联网机构经营互联网理财产品的重要风险隐患。

金融市场奉行"投资者风险自担"的逻辑，因此，一旦互联网理财用户购买的金融产品出现损失，理论上而言，用户要为此承担后果。换而言之，缺乏最后贷款人，意味着互联网理财用户要为自己的投资行为和经济损失自行埋单。

然而，"刚性兑付"的思维也可能将互联网理财平台拉入承担投资风险损失的名单。10余年来，银行理财产品相对稳定的收益已经对理财产品市场树立了"刚性兑付"的思维定式。过往的案例也表明，理财产品的损失并非完全由投资者承担，往往是金融机构对理财用户实施补偿。

3. 源自外部环境的风险

作为外部环境造成的风险中，利率风险和法律合规风险的传导机制与影响模式具有较高的一致性。竞争风险由于主要产生于传统金融机构对互联网机构的影响。在互联网机构通过互联网理财向传统金融机构争夺资源的情况下，金融机构或者采取合作的模式，或者凭借其对金融市场以及监管部门的影响能力，来维护自身的利益。监管部门的态度与举措对于互联网机构而言也是一种法律风险。

环境风险首先影响的是网络平台的运营情况。以余额宝为例，其资产配置中持有的协议存款高达80%~90%，最高时达95%。对货币基金收益水平影响最直接的将是市场利率水平，其次是对银行协议存款的相关管制。以协议存款提前支取罚息这一限定为例，如果货币基金支取不罚息的特权被取消，按照部分业内人士的分析，"宝宝军团"的最终年化收益率将回归商业银行1年期银行存款基准利率水平左右。由于银行存款显然更为安全和稳妥，互联网理财产品如此水平的收益率将对投资者失去吸引力。此外，如果按照传统金融机构存款的相关规定，对其计提存款准备金，将进一步提高其运营成本。在市场利率相对宽松的背景下，货币基金显然难以获得高收益。在扣除各种运营费用后，互联网理财平台的收益也将难以保障。

环境风险的最终买单者主要是个人投资者。互联网理财类产品的重要吸引力之一是买入和赎回时间较为灵活，工作日以内甚至可以实现"T+0"的赎回。然而，存款准备金政策以及协议存款提前支取罚息政策都将影响个人投资者的预期，此类政策出台前后，将伴随大规模的资金赎回情况。然而，受理资金赎回申请以及实现资金赎回毕竟有时滞，提交申请赎回较晚的投资者面临收益和本金双重损失的可能性。

在"刚性兑付"的传统思维模式下，互联网理财平台也需要承担一定的风险。银行理财产品已然给个人投资者形成了一种"投资必获收益"的心理预期，"刚性兑付"已然成为常态化，即使是银行销售的"非保本型理财产品"甚至是"信托产品"都面临"刚性兑付"的尴尬局面。因此，一旦受政策影响出现投资受损，互联网理财平台可能也难以逃脱对"刚性兑付"的制约。

4. 源自个人投资者的风险

对于互联网理财，洗钱行为的风险主要出现在开户环节和交易环节。在开户环节，基金公司对投资者的客户身份识别完全依靠网络机构、银行等第三方机构，如果第三方的客户身份识别工作出现疏漏，甚至是被不法分子利用，那么将为其洗钱行为创造便利。当然，要想实现洗钱，在开户环节，还存在另外一个渠道，那就是用户虚假代理。

(四) 互联网理财风险的影响

互联网理财的普惠性使得参与者众多，一旦爆发风险，将造成范围更广破坏性更大的影响；加之金融业紧密的关联性，其影响将进一步扩散到传统金融业，造成经济社会的不稳定。

1. 对宏观金融调控的影响

互联网理财的流动性风险加剧了宏观金融调控的难度。互联网理财涉及大量用户，资金规模巨大，机构往往涉及支付清算等基础业务，出问题时很难通过市场出清方式解决，破产则可能损害金融系统的基础设施，增加宏观金融调控的难度与不确定性。

2. 对消费者权益的影响

互联网金融机构健康发展不足以完全保障金融消费者权益。与互联网金融其他业态相比，互联网理财的"长尾"效应最为明显，纳入了大量不被传统金融服务覆盖的人群。

### 3.1.5 互联网保险的现状与风险分析

2017年，互联网保险行业延续着高速发展的趋势，网络保险规模继续增长。然而，与行业的高成长性相伴的是诸多风险。如欺诈事故频发遭到消费者投诉、少数产品创新脱离违背保险产品的基本原理、法律确实难以为互联网保险活动提供依据等问题。出于规范保险行业发展的目标，必然要求针对这些风险提出应对措施。

**一、互联网保险发展现状分析**

（一）互联网保险的主要商业模式

在互联网保险迅速发展的过程中，保险公司根据自身不同的情况形成不同的商业模式。这些商业模式有的仅涉及保险销售环节、有的则涉及保险活动的全过程。下面考察这些模式：

1. 官方网站模式

官方网站模式是指大中型保险公司及其中介为了抢占互联网销售渠道，拓展互联网保险业务所建立的自主经营的互联网站。这里以中国人寿为代表。建立官方网站的公司需要具备以下几个特点：一是资金实力雄厚。保险企业自建官网固定投入较大，包括搭建信息系统、广告投入等。只有规模较大的保险公司才能利用规模效应摊销这些固定成本。二是丰富的产品体系。大型保险公司产品体系较为丰富，能够满足不同类型客户不同时点的差异化需求。通过官网平台能够全面展现自身的产品和服务能力，实时满足客户的需求。三是运营和服务能力。保险官网的良序运转依赖于保险公司强大运营系统作保障，包括在线管理系统、客户管理系统等。

2. 综合型电子商务平台模式

综合型电子商务平台模式是指在一个包含保险在内的从事多个行业产品或服务销售的相对独立的网络销售平台。这里以淘宝网为代表。综合型电子商务平台由于具有相对独立、注重用户体验、监管约束等特征，使其成为互联网保险第三方销售的主要模式。综合型电子商务平台经过长期发展，培养出了用户的消费黏性，平台流量巨大。

在这种背景下，良好的平台效应让其保险产品信息能够得到充分关注。而 2016 年，在淘宝平台上实现的财险保费收入占整个第三方渠道销售收入的 66.9%。

3. 网络兼业代理模式

网络兼业代理模式是指在从事自身在线业务的同时，根据保险公司授权进行互联网保险业务的一种商业模式。这一模式以携程网等为代表。网络兼业代理模式因其门槛低、办理简单、对经营主体规模要求不高等特点而受到普遍欢迎。兼业代理活动又可以分成行业兼业代理、金融机构兼业代理等。其中，行业兼业代理是主流。一般来说，这些行业的活动均与保险活动存在较强的关联关系。如以在线旅行网站携程网为例，在购买机票的流程中会嵌入是否购买意外险的内容。而票务活动本身就与意外险之间的相关度很高。

4. 第三方垂直电商代理模式

《保险代理、经纪公司互联网保险业务监管办法（试行）》后，互联网保险中介网销活动得到正式认可，第三方垂直电商代理模式也发展了起来。这一模式以慧择网等为代表。这一模式的特点就是专业性较强。而目前网销保险产品的特征让垂直型电商代理模式难以获得更多发展。当前网销保险产品具有标准化、同质性较强、简单的特征。而这些特点使得垂直型电商代理的专业性优势难以得到发挥。与此同时，垂直型由于不能满足消费者一站式购买的需求，所以用户黏性不强。因此，垂直型电商代理模式发展受到限制。

5. 纯互联网保险公司模式

纯互联网保险公司模式是指互联网保险活动完全通过线上实现的一种商业模式。这种模式特点就是整个业务流程均在互联网上实现，运营的保险公司无实体性分支机构。而这一模式以众安在线为代表。众安在线实现了互联网企业和金融机构的完美结合。阿里巴巴、中国平安以及腾讯公司将重新整合自身资源，开拓新的保险产品。总体来看，这一模式在创新性方面远远强于其他几种，具体体现在：互联网不再只作为营销的渠道，而成为产品创新的源泉。基于互联网电子商务活动的保险产品创新将成为纯互联网保险公司的重要组成部分。

（二）互联网保险的特点及发展趋势

1. 互联网保险的新特点

（1）移动互联网保险的兴起。互联网+保险已经成为保险行业重要的发展方向和趋势，利用微信平台开展互联网保险业务也成为保险公司重要的获客渠道和稳定的保费收入来源。

微信平台作为一个新的营销渠道，具有如下优势：第一，庞大的用户群体。目前，微信平台具有良好的社交性质，用户众多。而对于保险公司而言，这一用户群体的消费潜力很大。第二，精准化营销。用户在微信平台的社交活动将留下许多用户信息。而保险公司通过对这些用户信息的分析和处理，可以实现潜在客户群体分类，最终根据用户的类型差异实现精准化营销。第三，低营销成本。使用微信不需要支付任何费用。而保险公司的公众平台也是免费的。这种免费的性质是保险公司充分利用微信公众平台以实现与用户的互动。第四，平台的私密性和封闭性。微信与微博的区别就在于其具有私密、封闭的特征。这一特征导致欺诈的可能性较小，保证各类信息的真实性，容易形成口碑效应。

保险公司搭建微信平台方面开展了许多工作，主要体现在两方面：一是将传统保险产品直接移植微信平台之上；二是创新适合微信平台的产品和营销手段。从后一方面来看，许多保险公司基于微信平台推出了各种保障型保险产品。如泰康人寿的"求关爱"，民生保险的"护身福"等。

这些产品在营销上具有如下特点：第一，产品名称更加人性化。微信平台的保险产品名称一般不采用专业的保险术语命名，而是使用更加人性化的名称，以提高用户的体验感。第二，通过朋友圈和增值服务并举的方式进行产品宣传。为达到营销目的，许多微信平台将朋友圈链接数目与客户保额之间挂钩，即链接的朋友越多，则保额也将随之增加。这种方式为微信用户的链接活动提供了动力，实现了向更多受众进行产品展示的目的。总体而言，保险微信销售目前还处于"营"而不"销"的状态。由于目前通过微信平台进行营销的群体主要为"80-90"的年轻人，对保险产品的需求较低，所以更多的是推出一些低价或免费的保障型产品。

（2）产品非均衡发展。2019年，互联网保险产品创新延续着增长的势头，近年来除了传统的互联网财产保险和互联网人寿险，互联网保险产品创新主要体现在两个方面：一是主题险；二是电子商务险。虚拟财产险由于涉及相关的法律问题而未能获得更多发展。

在主题险方面，许多保险公司根据不同的题材推出相应的保险产品。具体来看，相关保险产品所涉及的题材包括爱情、春运、怀孕、影视等内容。需要指出的是，有的产品还通过借鉴互联网商业模式中的某些策略，推出免费保险产品，如生命人寿推出的"求爱险"。

从保险公司推出的保险产品来看，大多名字新颖，但从其实质内容来看往往名不副实，大多属于普通的保险产品，缺乏实质创新。以"求爱险"为例。通过对其保险合约内容的阅读，可以发现，属于一款借爱情之名的意外伤害险，其保险内容与爱情本身并无关系。而真正意义上的爱情险在国外早已存在。爱情险是基于情感和婚姻状况而设立的一种保险品种，一般期限较长，其保障内容主要是补充情感或婚姻破裂所带来的损失。如英国的"银婚爱情险"，俄罗斯的"婚前强制险"，美国的"离婚分产险"。

2. 互联网保险的发展趋势

（1）互联网保险创新从渠道端向产品端转变。互联网保险创新逐渐由简单的渠道创新向复杂的产品创新转变。而这种转变沿着两条路径来实现：第一，渠道创新诱发产品创新。互联网保险兴起之初，主要是利用互联网交易便捷、成本较低的渠道优势，创新活动以渠道为主。但是，随着网销保险的发展，渠道端的变化要求产品端能够适应这种变化，满足互联网报销消费的需求和购买习惯。在这种情况下，互联网保险创新向产品端发生了转变。第二，电子商务活动诱发产品创新。电子商务行业在持续发展的同时也涉及诸多的风险。而这些风险的存在为保险产品的创新提供了相应发展空间，基于电子商务活动而进行的产品创新开始成为互联网保险产品拓展的一个崭新的领域。

（2）互联网保险产品将朝碎片化、定制化方向发展。第一，碎片化的产品更加适合网络消费的需求。传统保险产品追求保障多而全，具有期限长、条款复杂、金额高等特征。而这种产品特征与客户的保险需求和购买习惯不符。一方面，客户对于保险保障的所有责任并不都是其所需要的，但客户需要对所有保障付费，造成客户购买成本较高而收益较低；另一方面，互联网购买活动往往采取主动搜索的形式，无法与商家进行面对面交流，面对繁多而复杂的传统保险产品，消费者难以做出选择。因此，传统保险产品难以适应互联网保险消费的需求。而碎片化的产品则不同。所谓碎片化是指对价格高昂的保险产品进行分解以满足客户特定保障需求，且保费价格较低的一种产品设计理念。碎片化主要表现为：价格低、保障期限缩短、保障范围减小、条款简单、标准化。第二，定制化产品将成为互联网保险未来的发展方向。所谓"定制化"是指根据客户个性化保险需求，提供特定保险合约的一种形式。该模式具有个性化产品设计、保障价值高等特征。随着大数据等网络技术的发展，保险公司通过对潜在消费者特征进行分析，可以更加精准地进行保险产品设计和产品定价。在国外，定制化保险产品已经成为重要的发展趋势。

（三）互联网保险的监管现状

1. 互联网保险监管的必要性

近年来，互联网保险投诉案件数量持续增长，互联网保险成为保险消费者投诉的焦点。根据银保监会通报，2019年上半年，互联网保险公司投诉增幅突出，在涉嫌违法违规投诉量方面，四家互联网保险公司全部进入投诉量前10位，投诉反映的问题主要集中在销售纠纷和理赔纠纷上。其中，安心财险71件，上一年同期0件；易安财险37件，上一年同期0件；众安在线9件，同比增长800%；泰康在线7件，上一年同期0件。从投诉与业务量对比情况来看，互联网保险公司在亿元保费投诉量上也均排在前列。其中，安心财险为131.38件/亿元，位居第一；易安财险、泰康在线紧随其后，分别为41.66件/亿元、39.93件/亿元；众安在线31.79件/亿元，位列第六位。

从消费者的投诉缘由来看，互联网保险产品销售过程存在诸多违法违规现象，总体来看分成两类：第一类是非法经营；第二类是保险欺诈等行为。其中，非法经营包括设立虚假的保险机构网站、从事非法业务等。而保险欺诈行为的种类更是五花八门，如被保险人多次投保、从事逆向选择行为、盗刷信用卡；保险人存在的夸大产品收益，隐瞒投资风险，混淆保险与理财产品的概念。因此，互联网保险风险的凸现，急需相关法律法规为其监管活动提供依据。

2. 互联网保险监管立法现状

目前,关于互联网保险的监管依据主要包括两类:一是专门针对互联网保险活动的法律法规;二是非专门针对互联网保险但与之有关的法律法规。从涉及的层级来看,涵盖全国性和地方性两个层面。从时间上来看,2019 年至 2020 年一季度,银保监会密集出台针对保险和互联网保险监管文件,显示出互联网保险行业监管加码的趋势(见表 3-10)。就具体的监管立法实践而言,互联网保险地方性监管活动在时间上更靠前。

总体来看,互联网保险立法活动进展缓慢,这与现有监管体制和互联网保险发展速度较快有关。首先,互联网保险属于互联网金融的子领域。其相关法规订立原则和思路需要同互联网金融监管的思路保持一致。互联网金融监管涉及央行、银保监会、工信部等多个监管部门。这一过程涉及的协调和沟通成本较高,需要持续较长时间。其次,互联网保险监管要与互联网保险的发展相适应。互联网保险的迅速发展要求互联网保险监管的模式、内容等也做出相应的调整。这种调整具体表现为各种征求意见稿的法律文件不断更新。

表 3-10 互联网保险主要相关法律法规

| 监管部门 | 实施/发布时间 | 监管法规 |
| --- | --- | --- |
| 原保监会 | 2011 年 9 月 | 《互联网保险业务监管规定(征求意见稿)》 |
| 原保监会 | 2011 年 9 月 | 《保险代理、经纪公司互联网保险业务监管办法(试行)》 |
| 原保监会 | 2013 年 8 月 | 《关于专业网络保险公司开业验收有关问题的通知》 |
| 原保监会 | 2014 年 4 月 | 《关于规范人身保险公司经营互联网保险有关问题的通知(征求意见稿)》 |
| 原保监会 | 2014 年 5 月 | 《关于防范利用网络实施保险违法犯罪活动的通知》 |
| 原保监会 | 2014 年 12 月 | 《互联网保险业务监管暂行办法(征求意见稿)》 |
| 原保监会 | 2015 年 9 月 | 《关于深化保险中介市场改革的意见》 |
| 原保监会 | 2016 年 2 月 | 《关于加强互联网平台保证保险业务管理的通知》 |
| 原保监会 | 2016 年 8 月 | 《中国保险业发展"十三五"规划纲要》 |
| 原保监会 | 2017 年 7 月 | 《信用保证保险业务监管暂行办法》 |
| 原保监会 | 2017 年 7 月 | 《关于进一步加强保险资金股票投资监管有关事项的通知》 |
| 原保监会 | 2018 年 1 月 | [2018] 9 号监管文件《打赢保险业防范化解重大风险攻坚战的总体方案》 |
| 原保监会 | 2018 年 1 月 | 《保险资金运用管理办法》 |
| 银保监会 | 2019 年 12 月 | 《互联网保险业务监管办法(征求意见稿)》 |
| 北京银保监局 | 2019 年 10 月 | 《北京银保监局关于规范银行与金融科技公司合作类业务及互联网保险业务的通知》 |
| 银保监会 | 2019 年 10 月 | 《中国银保监会办公厅关于开展银行保险机构侵害消费者权益乱象整治工作的通知》 |
| 银保监会 | 2019 年 4 月 | 《关于印发 2019 年保险中介市场乱象整治工作方案的通知》 |
| 银保监会 | 2019 年 8 月 | 《保险公司关联交易管理办法》 |
| 银保监会 | 2020 年 1 月 | 《中国银保监会办公厅关于规范两全保险产品有关问题的通知》 |
| 银保监会 | 2020 年 2 月 | 《中国银保监会办公厅关于进一步加强和改进财产保险公司产品监管有关问题的通知》 |

二、互联网保险的风险分析

互联网保险活动是在一个开放性环境下展开的。这种开放性环境打破原有传统保险活动基于特定物理空间的限制,拓展业务活动边界,增加了保险交易的规模。与此同时,互联网保险活动基于开放环境的特征,一方面加剧了传统保险活动中存在的风险;另一方面又产生一些新的风险。

## （一）互联网保险风险的界定与分类

### 1. 互联网保险风险的界定

对互联网保险风险的界定依赖于互联网保险概念（也可称作网络保险）的界定。现有研究对互联网保险尚无统一的定义。米全喜（2006）认为网络保险有狭义和广义之分。其中，狭义的网络保险是指"保险公司或新型的网上保险中介机构以互联网和电子商务技术为工具来支持保险经营活动的经济行为"；而广义网络保险还包括"保险公司内部基于互联网技术的经营管理活动"。傅晓萍（2007）也从狭义和广义两个角度进行了界定，与米全喜相似，广义和狭义的互联网保险定义区别在于是否将保险机构通过互联网进行监督和内部管理活动纳入其中。白瑶（2016）则从技术特征的角度对互联网保险进行了界定。她认为互联网保险是指"以互联网企业的数据和传统保险业在线为主要的表现形态，以大数据处理、在线支付为核心的保险形态"。周百胜（2015）则认为互联网保险应理解为保险网络化。而吕志勇和李东（2016）则与周百胜的观点类似。

经总结，互联网保险需要从其外部环境、技术工具、行为主体以及行为内容进行界定，具体如下：互联网保险是通过互联网环境下运用大数据等技术手段，保险机构、互联网机构、保险消费者等所从事涉及保险业务全流程的一种经济行为。互联网保险风险则可界定为由于从事上述活动而产生损失的可能性。

与此同时，互联网保险的虚拟性、跨区域性等特征加剧了互联网保险活动的风险，并使互联网保险风险呈现以下特点：第一，风险传导速度加快。由于互联网信息传播速度加快导致风险传导也相应增速。第二，风险的外部性更强。由于平台的公共性特征，一旦互联网保险平台出现风险则可能造成与平台相关的保险机构和消费者均造成损失，所以其外部性与传统保险相比更强。

### 2. 互联网保险风险的分类

现有文献对于互联网保险的研究大致可以分成两类：一是从总体上对互联网保险的风险进行分类。如吕志勇、李东（2016）将互联网保险风险分为道德风险、技术风险、法律风险、定价风险和人力资本风险。顾伟（2015）将互联网保险风险分为信息技术与数据安全风险、产品研发与定价风险、网络欺诈风险、互联网保险特有的衍生风险以及法律缺失风险。二是针对某一大类的互联网保险风险再进行分类。如蒋成林和聂炜玮（2014）从风险源的角度对互联网保险的信息安全风险进行了细分。而李淑华（2016）则从风险成因的角度将互联网保险、道德风险进行了细分。

总体来看，这些文献对于互联网保险风险分类多采用列举法，缺乏明确统一的标准，容易造成风险类别的不完备。互联网保险活动与传统保险活动之间由于参与主体更加多样化而衍生出许多新的风险，所以在此根据风险源产生的行为主体来对互联网保险活动进行分类。于是，互联网保险风险可以分成基于互联网保险公司的风险、基于互联网保险平台的风险、基于互联网保险消费者的风险以及基于互联网保险监管部门的风险。

（1）基于保险公司的风险。基于保险公司的风险主要包括欺诈风险、期限错配风险以及产品创新与定价风险。欺诈风险是指保险公司利用自身的信息优势而诱导消费者进行过度保险的行为。互联网保险在信息表达方面的特征使得保险领域的欺诈风险更为严重。

期限错配风险主要是针对理财型互联网保险产品而言。期限错配风险是指理财资金资产端和负债端之间不匹配而产生的风险。产品创新与定价风险是指由于缺乏相关历史数据累积以及定价模型不完善而引发的风险。

（2）基于保险消费者的风险。基于保险消费者的风险主要是欺诈风险和流动性风险。其中，欺诈风险具体表现为消费者隐瞒自身的信息而进行骗保的行为。而流动性风险存在于理财型互联网保险产品之中，具体是指，由于投资人提前赎回保险理财产品而形成的风险。

（3）基于保险平台的风险。基于互联网保险平台存在的风险主要是信息安全风险。信息安全风险是指由于人为或非人为因素导致保险信息被损坏、泄露等的风险。互联网保险对网络、信息系统等具有高度依赖，而互联网本身的开放性导致其存在诸多信息安全风险。与此同时，平台具有外部性的特征使得这类风险破坏性很大。具体的信息安全风险可以包括信息系统运行风险、网络病毒风险等。

（4）基于保险监管部门的风险。基于保险监管部门的风险主要是法律风险。法律风险主要是由于立法不完善或不明确而造成的风险。目前，博彩类互联网保险、万能险产品集体下架事件均属于这一类型。

除此之外，关于互联网保险的风险还有如下几点需要关注：第一，不同的主体可能存在相同的风险，如保险公司和平台均可能存在技术和安全风险；第二，一个风险的事件发生可能是由多种风险因素共同作用产生的，并且这些风险爆发可能存在着因果关系或时间先后顺序。

（二）互联网保险风险的传导机制

1. 分析框架

根据风险传导理论，一般风险传导过程可以描述如下：风险源受诱发性事件冲击沿着某条或多条路径传导风险以扩散风险并产生损失的一个过程。其中，风险源是指系统运行各环节中风险能力较差、容易受到外部因素或事件破坏的部分。如互联网保险信息系统的漏洞、保险信息管理人员风险意识薄弱等。诱发性事件是指导致风险源爆发的事件。如监管部门突然颁布一项法规、保险信息系统遭到"黑客"攻击。传导路径是指风险爆发后从某个领域向其他领域传播的路线，而这个过程表现为风险的扩散和放大。如某人在互联网保险平台上购买保险后发现该平台为非法经营实体。当这一信息通过媒体等途径向外传播，造成对许多平台真实经营状况的怀疑，进而影响平台整体的保险销售规模。

2. 基于保险公司风险的传导机制

（1）欺诈风险源于保险公司。欺诈风险的形成源于保险公司出于利润最大化目标利用互联网环境信息表达过程的特征而发生的机会主义行为。风险源在于互联网信息表达载体和方式特征。下面具体分析这些特征是通过何种机制使欺诈成为可能的。

第一，互联网环境下的信息表达载体发生变化。一是信息表达形式多样化。互联网与传统信息相比不再局限于通过文字进行信息表达，采用图片、视频等多媒体方式。而新的载体形式引入由于其生动性更能吸引客户的关注，是一种良好的营销手段。与此同时，通过互联网所特有的超链接功能可以实现不同信息源之间的虚拟连接。这在以纸制载体为主的信息表达时代是无法实现的。然而，信息表达形式的多样化也为保险欺诈活动提供了诸多的途径。在保险合同中，保险人通过采用更加夸张、生动和通俗的信息表达方式可以吸引更多投保人，而对于投保人可能存在的风险或会阻碍其签订保险合同的一些内容则采用更加隐蔽方式，如超链接的形式来进行表达。通过这种手段，一方面满足信息披露的要求；另一方面实现营销客户的目标。二是信息表达存在形式容易被篡改。在纸媒体时代，纸制文件由于其内容的固定性，已经发表的内容除非通过更正将很难被篡改。而互联网时代信息存贮的暂时性和多变性使得其内容容易进行篡改。这种易篡改性使得欺诈的成本变小。保险人可以充分利用这一特点，通过篡改合约内容、表现形式等手段达到欺诈投保人的目的。

第二，信息表达的模式发生变化。互联网兴起使得信息表达从面对面转为非面对面，从而实现表达模式从交互式转化为单一。原来，投保人在购买保险产品时可以通过与保险销售人员的面对面沟通对保险条款、风险等内容进行更加深入的了解。而在购买互联网保险产品时，通过网页或即时通信工具进行沟通显得非常不方便，使得信息表达方式更加静态和单一。而这最终导致强制性信息披露要求变成了实质上的非强制性信息披露，往往忽视了保险产品中的风险。如根据人身新型保险产品信息披露监管要求中规定了投保人对所投产品的风险提示等签订确认书。而这一规定实际上保证了投保人对所投产品风险、特点等的知情权。而在网络保险产品销售中，出于互联网资料的阅读习惯，投保人往往会关注那些美好的说辞而忘记产品中存在的风险，从而使其忽视了原本存在的风险。与此同时，互联网保险的非面对面方式也为买方欺诈行为提供了更多的途径。

而互联网信息表达对象特征使得这一风险得以扩散。从购买互联网保险产品特别是保险理财产品的购买群体来看，往往属于具有草根、长尾的特征。这一群体的特征就是：人均收入较低、数量众多、保险产品专业知识较低，对保险产品的相关信息的获取能力和风险识别能力都不高。因此，这一群体一方面易于接受简单、直接的信息表达形式；另一方面忽视那些复杂的保险术语和条款。在这种情况下，这一群体易于受产品宣传的误导，只关注产品的收益而忽视风险。保险公司利用这一群体的消费特征往往在信息披露过程中采用差异化的方式以迎合这一群体的需求。如对于收益方面的信息采用夸张而生动的表达形式，而对于风险方面的信息则采用专业术语、超链接等形式。上述特征明显增加了风险波及的范围和群体。

总体来看，欺诈风险的过程可以描述为：保险公司受利润最大化的驱使利用信息

► 3 我国互联网金融发展现状、特征、风险

表达特定载体隐蔽、表达内容亦篡改、表达方式静态单一的特征加深了保险公司和投保人之间的信息不对称,让投保人在进行保险决策时只会关注局部信息进而造成投保人的过度消费行为。而当未被关注风险因素诱发时,投保人就会无法获得预期收益而造成自身的损失。而互联网保险投保具有的草根和长尾特征让欺诈风险在更大范围内扩散。

(2)期限匹配风险的传导机制。期限错配风险源于为吸引更多投资人而将资产配置于期限更长的不动产、基础设施等具有更高回报的领域,投资人受高预期收益影响而购买相关理财产品。受到政策、市场等因素冲击导致资产收益率无法达到预期目标,进而造成保险公司无法按照预期支付给保险公司收益,造成投资人损失。而保险公司自身的特征导致这一风险被扩大。从事网络保险理财产品多以中小保险公司为主。而中小保险公司的资本金规模不大,偿付能力受到约束,加深了到期无法偿付的可能。

(3)产品创新与定价风险。产品创新与定价风险主要源于由于数据缺失导致定价模型可能不合理导致保险定价不合理。当保险定价出现偏低的情况时,投保人发现购买保险变得非常有利可图,进而出现过度保险和骗保行为,从而使保险公司遭受损失。与此同时,这一情况主要出现在电子商务活动险之中。而这类保险消费具有交易频率较高、投保人草根的特征,这决定其具有重复多次购买保险的冲动。因此,保险公司面临的损失得以扩大。

3. 基于平台风险的传导机制

互联网保险平台面临的信息安全风险源可分为主观和客观两种。从客观上来讲主要是平台的信息系统是否存在漏洞等。从主观上来看主要包括保险公司人员素质不高等。主客观两方面的因素形成不同风险传导机制:第一,以"黑客"攻击为例说明客观因素引致的传导机制。"黑客"攻击通过"撞库"等方式攻击平台的信息系统,由于信息系统在安全设置上存缺陷,导致部分数据被"黑客"获取。当"黑客"获取数据后,通过互联网发布相关个人隐私信息,给投保人带来名誉或其他方面的损失。与此同时,社会对于该平台的信任度降低,减少通过该平台进行的保险购买活动。此外,如果当平台本身具有较高的社会影响度之时,恐慌情绪可能会被继续传导进而引发对于其他互联网保险平台的怀疑,产生整个社会对互联网保险可靠性的怀疑。

4. 基于投保人风险的传导机制

(1)欺诈风险——源于投保人。源于投保人的欺诈风险形成主要在于互联网信息表达非面对面的信息表达方式。非面对面的方式使得客户呈现隐蔽性、匿名性和即时性三大特点,进而导致保险公司对其身份和投保资格的审核存在困难。在这种情况下,保险公司对其从事或面临风险状况的评估可能不尽合理。这种信息不对称环境诱发了投保人的逆向选择行为,增加了保险公司赔付可能性,造成其潜在损失。

(2)流动性风险。流动性风险源于保险公司偿付能力较弱。当投资人发生提前赎回理财产品时,使得开展互联网保险理财产品业务的保险公司面临非预期到的现金流支出。如果投资人预期到保险理财产品最终投入面临着可能无法收回投资收益之时,

投资人出于风险规避的偏好开始赎回理财产品。而投资收益无法收回的预期心理则在投资人之间通过网络、各种人际关系开始扩散。最终，在更大范围内引发投资人赎回理财产品，造成保险公司现金流紧张的局面。

5. 基于监管部门风险的传导机制

基于监管部门而产生的法律风险主要源于其对相关互联网法律不完善或不明确形成"擦边球"地带。保险公司出于自身利益的考虑通常会将"擦边球"地带作为新型业务开发的重点。然而由于监管层态度的变化，可能将"擦边球"业务认定为不合规业务。在这种情况下，保险公司此类业务发展终止，造成相应损失。而这种损失程度与监管层态度密切相关。

2016年，互联网保险理财产品市场异常繁荣，受到草根投资者的青睐，销售业绩显著。起初，监管部门对此并无明确说法。随着市场销售规模迅速增长，监管层认为产品存在许多问题，包括信息披露不明确，收益难以如实兑付、忽视保险保障功能等。从8月下旬开始，多家保险公司在天猫等第三方平台上进行销售的理财型保险产品就被原保监会要求下架。近年来针对互联网保险的监管不断加码，监管部门密集出台监管文件，对违规的互联网保险进行处罚。2020年1月，浙江银保监局以没有取得业务许可资格的机构开展保险业务和持牌机构与不具备资格的第三方平台合作为由，对凡声科技历史违法进行处罚。显示出保险监管部门正在加大对互联网保险的监管力度，对于监管范围扩大至互联网保险公司合作方，并对历史违规问题进行追责。

（三）互联网保险风险的影响

互联网保险风险的存在对于经济和社会都存在着一定影响。从经济影响来看，主要会影响保险行业未来的发展路径；从社会影响来看，将最终影响社会保险的意识。

1. 互联网保险风险的经济影响

互联网保险风险的爆发和扩散，可以充分暴露互联网保险业务发展的问题。这些风险的存在促使保险行业强化风险控制，加强行业监管。而随着新的监管法律旨在控制风险的同时，也重新调整或明确了合规性业务边界。在这种情况下，保险监管形成激励效应，即鼓励保险机构在合规性范围之内进行业务创新。这种创新的强度取决于两个方面：第一，监管部门的态度；第二，合规性业务的潜在回报。其中，后一方面因素对于创新业务发展的影响更大。如果监管部门鼓励态度越明确，支持政策越多，该项业务发展速度越快。如果合规性业务潜在回报越高，保险机构从事该项业务创新的动力越足，业务发展可能性越大。总体来看，互联网保险风险将诱发保险监管部门实施新的法规，并形成激励效应诱导保险机构从事互联网保险业务。保险机构可能因此改变业务创新路径、范围，最终使得保险机构改变现有业务结构和行业格局。

2. 互联网保险风险的社会影响

尽管互联网保险风险本身是客观存在的，但是它能够被控制以减轻其所带来的损失。而不同的风险处置方式将影响最终的风险损失的程度，进而改变对互联网保险的态度。对于互联网保险而言，如果能够形成良好的事后风险处理机制，那么将会增加消费者的购买保险平均预期收益，进而增加其购买保险需求。从整体而言，全民针对风险保障的意识将得以提高。

### 3.1.6 网络银行的现状与风险分析

**一、网络银行的发展现状分析**

（一）网络银行的定义

网络银行的产生是互联网时代金融发展、金融创新的必然结果。网络银行作为传统银行体系的有益补充，具有不依赖物理网点、人工成本低、服务效率高等特点，极大地扩大了银行服务边界，有效降低了银行活动的交易成本，打破了传统银行业务的空间、时间限制，在服务实体经济、满足居民多样化的金融需求等方面起到了积极作用。

表3-11列举了世界各主要监管机构对网络银行的定义。从狭义上来看，网络银行主要是指传统商业银行的线下渠道向线上渠道的延伸，业务模式更多的是依托物理网点办理开户和其他面签业务，通过互联网提供支付、转账、交易等一部分银行服务。在性质上，狭义网络银行不是一种新的银行形式，而是银行业务的一个网络渠道，通常也被称为"电子银行"。根据原银监会2006年颁布的《电子银行业务管理办法》，"电子银行业务"是"商业银行等银行业金融机构利用面向社会公众开放的通讯通道或开放型公众网络，以及银行为特定自助服务设施或客户建立的专用网络，向客户提供的银行服务"，其主要对狭义上的网络银行进行了定义。从广义上来看，网络银行是依托互联网开展业务的一种银行服务形态，既包括通过互联网渠道提供部分银行业务的传统银行，也包括没有物理网点、纯粹依靠互联网提供所有银行业务的独立法人银行。就本质而言，无论是传统银行的网上银行业务，还是新的、完全依靠互联网经营的网络银行，都没有改变银行业务的本质，都具有同样的银行信用中介、风险管理、支付清算等银行基本职能。因此，广义上的网络银行，是指通过电脑、手机、电话等远程渠道为用户提供部分或全部银行服务的商业银行，既包括推出网上银行业务、直销银行业务的传统银行，也包括没有物理网点、完全依托互联网提供服务的所谓纯网络银行。纯网络银行则是指完全没有物理网点的网络银行。

表3-11 世界主要监管机构对网络银行的定义

| 来源 | 网络银行的定义 |
| --- | --- |
| 美国货币监理署（OCC．1999） | 网络银行是一种通过电子计算机或相关的智能设备使银行的客户登入账户，获取金融服务与相关产品等信息的系统 |
| 美联储（FRS．2000） | 网络银行是指利用互联网作为其产品、服务和信息的业务渠道，向其零售和公司客户提供服务的银行 |
| 巴塞尔委员会（BCBS，1998） | 网络银行是指通过电子通道提供零售与小额产品和服务的银行，这些产品和服务包括存贷款、账户管理、金融顾问、电子账务支付及其他一些诸如电子货币等电子支付的产品与服务 |
| 欧洲银行标准委员会（ECBS．1999） | 网络银行是指能够使个人或者相关企业使用电子计算机、机顶盒、无线网络电视及其数字设备登录互联网，获取银行相关金融产品和服务的银行 |

根据不同的分类标准，网络银行的可以分为以下几种类型。

按组织形式分类，主要是看网络银行是否以独立法人形式存在、是否背靠传统银行或者金融集团，在此分类标准下网络银行主要分为三类。

（1）具有网上银行业务的传统银行。在这种模式下，网络银行只是传统银行的一个部门和业务渠道，和网点共同提供服务，典型的案例有美国的富国银行（Wells Fargo）、美国银行（Bank of America，BOA），中国目前大部分传统银行推出的网上银行业务也属于这个范围。

（2）传统银行或金融集团的子银行。这种模式下，网络银行主要通过网络为客户提供服务，它是一个独立的法人，只是附属于某个银行或者金融集团。典型的案例有ING集团旗下的ING Direct、汇丰银行旗下的第一直营银行（First Direct）、德国商业银行（Commerzbank）旗下的康迪锐银行（Comdirect）、澳大利亚国民银行（National Australia Bank，NAB）旗下的UBank。

（3）独立的网络银行。网络银行不隶属于任何传统银行或金融集团，网络银行本身也没有或者很少有物理网点，几乎所有业务都在网上进行，典型的案例有美国的第一互联网银行（First Internet）、E*Trade银行、康普银行（Compu Bank）、日本的乐天银行等。

按经营特点分类，从海外的经验来看，网络银行大多数是以服务个人客户为主的零售银行，如ING Direct、BOFI旗下的互联网联邦银行等，少数银行也服务细分市场的企业客户，如专注于汽车金融的Ally Bank（前身是通用汽车金融公司）、服务电子商务平台的日本乐天银行等。每家网络银行基本都会有其自身的优势和劣势，形成了各具特色的经营模式，既有经营成效显著的，也有经营成效一般甚至失败的。网络银行按照经营特点分类，大体可以分为互联网+传统银行和新兴网络银行这两类。

（1）互联网+传统银行。海外典型的代表有富国银行、ING Direct，国内开始出现的有民生直销银行、平安橙子银行及传统银行的网上银行业务。这些银行本身有一定的传统银行业务基础，其利用互联网技术来进行新的市场布局，或者进行战略转型，能更好地为客户提供服务。

（2）新兴的网络银行。这些银行最初并不是一家商业银行，而是从其他领域进入的银行，既有完全从零开始发起成立的，也有基于原有业务基础拓展到网络银行领域的。典型的模式有：①综合化的全能网络银行，典型的代表是美国的第一互联网银行。这些银行在定位和布局上效法传统银行，以满足客户的全面需求为目标，因此除了没有或者很少有物理网点、主要依靠互联网经营之外，它们在自身定位、产品线布局等方面与传统银行非常相似。②依托电子商务平台的专业化网络银行，如日本的乐天银行、浙江网商银行。它们依托自身的电子商务平台，为网络消费者和平台商家提供相关的金融服务，促进电子商务平台的发展。在经营模式上，这些银行可以利用电子商务平台积累的客户资源和信息来拓展客户并进行风险管理。③依托证券投资平台的专业化网络银行。典型的代表是E*Trade银行、Charles Schwab银行。这些银行依托原有的证券投资平台,在提供投资理财服务的同时,为客户提供个人消费贷款、住房按揭贷款、信用卡等银行服务,满足客户对一站式金融服务的需求。④其他专业化网络银行。例如,专长于汽车金融服务的 Ally Bank。通过互联网为个人客户提供存款、结算等服务,再从事与汽车相关的信贷业务,如经销商贷款、汽车消费贷款等。ING Direct 德国分部 ING Diba 主要是从事个人零售银行和中小企业服务,相比传统银行,ING Diba 的产品线很短,核心产品只有个人储蓄存款和个人住房按揭贷款两款产品,是依托互联网满足个人用户基本银行服务需求的银行。

(二) 网络银行的经营模式

作为一种新型银行服务模式,网络银行的优势主要体现在交易成本的降低,其既降低了金融消费者获取服务的时间、空间成本,也降低了银行的经营、管理成本。目前,不同网络银行的经营模式差异巨大,这与每家银行的定位密切相关,不可一概而论。下面从银行最基本的信贷和负债业务,来分析网络银行和传统银行的经营模式的差异。

1. 网络银行的信贷业务模式

信贷业务一直是商业银行的核心业务。但商业银行在进行信贷业务时流程较为复杂,且时间较长。而一些网络银行,尤其是依托电子商务平台的网络银行,如蚂蚁金融服务集团旗下的浙江网商银行,依托淘宝平台积累了大量的用户信息,可以通过数据分析和挖掘技术,了解用户的需求和偏好,并基于对借款人生产经营或者消费行为数据的分析,评估借款人的信用好坏。基于丰富的数据资源和可靠的数据分析技术,网络银行甚至不需要与借款人见面,就可以掌握借款人的真实信息。以蚂蚁小贷和传统银行的信贷流程比较为例,网络银行利用数据挖掘和自动化操作将传统银行两周至一个月的信贷流程压缩到了几分钟,大幅提高了流程效率。

传统银行小微企业信贷流程(一般两周至一个月):

客户提出贷款申请→客户经理收集申请资料→审查人员进行尽职调查→审批人进行信贷审批→签署相关合同→办理抵押登记等手续→审核并办理贷款发放。

蚂蚁微贷业务流程(一般几分钟):

基于数据挖掘,预先授信→客户自助提交申请→系统自动审批→系统自助放款。

第一,从贷前看,网络银行基于数据挖掘,实时掌握借款人的大量信息。

商业银行信贷业务贷前管理涉及对借款人信息真实性的尽职调查,并需要评价借款人的风险水平。对传统银行而言,商业银行只有借款人在本行的历史借贷、存款等数据,一般需要依赖人工现场调查和获取借款人资产负债相关数据,同时,在信息不对称的情况下,商业银行往往会要求借款人提供抵押品,以降低违约损失。"财务报表+抵押品"模式虽然非常有效地管理了银行信贷风险,但也存在三方面的不足:一是风险评估不准确,财务报表信息相对滞后,无法及时评估借款人风险水平,不能及时掌握资金流向信息;二是人工现场调查不仅成本高,且花费时间长,难以覆盖小微借款的需求。

而一些具有实体经济背景的网络银行,如依托电子商务平台的蚂蚁小贷,掌握着借款人的基本信息、店铺经营活动、客户关系、结算记录、同行业比较等大量经营和交易数据，可以通过非现场方式获得借款人信息，借助数据挖掘和模型判断借款人的信用，这不仅可以实时评估借款人风险，还大幅降低了贷款成本、蚂蚁小贷的单笔贷款成本极低。根据蚂蚁小贷的内部测算数据，2013年全年民生银行小微贷款户均运营成本为5.2万元，而蚂蚁小贷的平均每家客户运营成本仅为1600元左右，相当于民生银行小微贷款的1/33。

第二，从贷中看，网络银行基于数据模型对借款人进行授信。

对传统银行而言，商业银行一般依靠授信部门的专业人员完成授信审批工作，但这种模式依赖于经验等主观因素判断，不同审批人的审批结论存在差异化，对于跨区域、跨行业、关联复杂的企业集团，也很难准确摸清其生产经营、关联、互联互保等真实情况，容易过度授信，另外也存在着寻租的空间。

网络银行基于数据模型，能够精准地对借款人进行授信，克服了主观经验、数据搜集不准确、关系等人为因素对授信结果的影响。并且，一些网络银行还会对潜在借款人进行预授信，以蚂蚁小贷为例，蚂蚁小贷基于淘宝电商平台积累的相关数据（如图3-19所示），在后台实时对电商平台所有商户都进行预授信，只要客户有需求，可以自助提交申请，系统根据之前的授信直接放款。

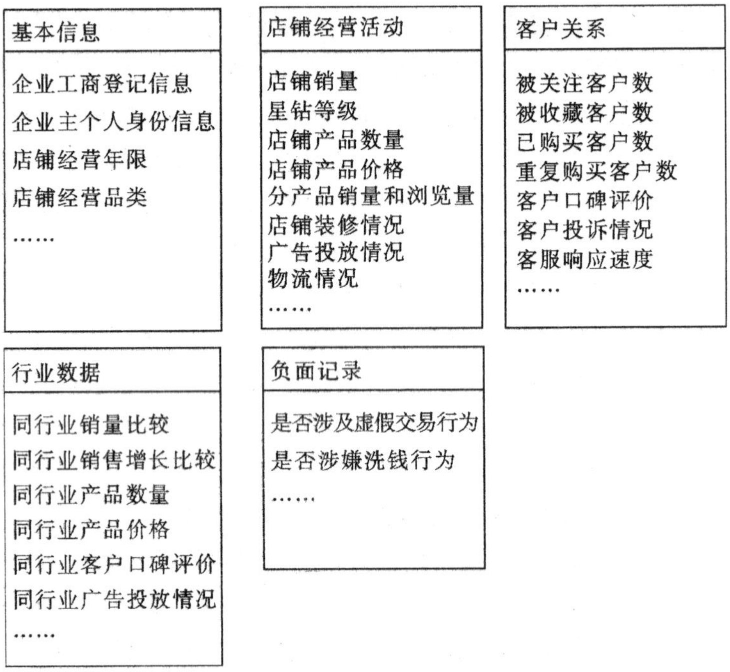

| 基本信息 | 店铺经营活动 | 客户关系 |
|---|---|---|
| 企业工商登记信息<br>企业主个人身份信息<br>店铺经营年限<br>店铺经营品类<br>…… | 店铺销量<br>星钻等级<br>店铺产品数量<br>店铺产品价格<br>分产品销量和浏览量<br>店铺装修情况<br>广告投放情况<br>物流情况<br>…… | 被关注客户数<br>被收藏客户数<br>已购买客户数<br>重复购买客户数<br>客户口碑评价<br>客户投诉情况<br>客服响应速度<br>…… |

| 行业数据 | 负面记录 |
|---|---|
| 同行业销量比较<br>同行业销售增长比较<br>同行业产品数量<br>同行业产品价格<br>同行业客户口碑评价<br>同行业广告投放情况<br>…… | 是否涉及虚假交易行为<br>是否涉嫌洗钱行为<br>…… |

**图3-19 以蚂蚁小贷为例授信决策审批的相关数据**

第三，从贷后看，网络银行既存在优势也存在劣势。

网络银行贷后管理的优势体现在，网络银行可以实时获得借款人相关交易信息、现金流信息，能够前瞻性地判断潜在风险，实现在企业发生实质性风险之前捕捉预警信号，尽早主动退出。但是网络银行贷后管理也有劣势，尤其是纯网络银行，缺乏抵质押品，一旦客户无法还款，清收和催讨的难度远远大于传统信贷。尤其是异地客户，因为没有线下网点，网络银行面临更大挑战。

2. 网络银行的负债业务模式

目前，国内网络银行的负债业务，尤其是直销银行的负债业务，主要以个人理财为核心诉求。以民生直销银行为例，民生直销银行的主打产品包括：可转入、转出绑定银行卡并向民生信用卡还款的"轻松汇"；投资黄金的"民生金"；类余额宝的"如意宝"；自动靠档存款的"随心存"；定期理财产品+质押变现的"定活宝"；在线消费贷款的"称心贷"。但是"轻松汇"和"称心贷"业务，分别受限于中央银行的实名认证政策和实体消费场景，因此在发展上受到了一定限制，使得民生直销银行的核心业务是负债端的理财业务。民生直销银行的"如意宝"本质上是货币市场基金，类似余额宝等产品，客户签约"如意宝"后，系统自动将电子账户内的活期余额定时、批量向合作基金公司发起基金申购交易。客户单日转入"如意宝"资金没有累计限额，并且T+0当日实时赎回，最大可赎回额为500万元。"随心存"是民生直销银行提供的一种储蓄增值服务，自动靠档存款，电子账户满1000元自动存，随时取用，系统根据存款期限按最大化结转利息，保证存款收益。例如，如果消费者存满一年取出部分款项，就会自动按照一年的定期存款利息计算收益，剩余款项继续根据存款期限最大化结转利息。

民生直销银行通过互联网模式进行电子账户的开户及使用，其核心账户就是客户开立的电子账户。民生直销银行为提高电子账户安全等级设计了多种措施，包括在技术上使用密码控件和短信验证码等保障客户账户的安全、通过在核心前置系统对电子账户进行支付控制和白名单控制、保证客户绑定卡和电子账户之间单进单出的对应关系等多种设计，提高了电子账户的安全等级，即便用户的密码被盗取，也能保证电子账户的资金安全，从而免去了实体安全工具（USB key、动态令牌等）的使用，减少了客户操作上的时间，降低了携带安全工具等的成本，提升了客户体验，增强了客户黏性。

3. 网络银行的整体业务特点

由于依托互联网开展经营，网络银行可以突破传统银行对地理覆盖范围的限制，快速地触达和覆盖更广泛的用户。由于省去了物理网点的人工和租金成本，相对而言网络银行的经营成本明显低于传统银行。一方面，网络银行能够以更优惠的价格为客户提供更好的金融服务，在许多方面可以比传统银行更有吸引力，如更高的存款利率、更低的贷款利率、没有最低存款要求、不收账户管理费、存取款手续费全免等。另一方面，客户办理储蓄、理财等业务，不需要通过物理网点的排队、等候，直接通过网络就可以实现自主办理。以ING Direct在德国的子银行ING Diba为例，其运营成本率（指运营成本/平均客户存款余额）大约只有传统零售银行的三分之一。

低成本和广覆盖，也使得网络银行能够促进农村和偏远地区金融服务的普及。这些地区人口比较分散，传统银行采用的物理网点服务模式成本过高，覆盖范围较小，无法满足这些用户的金融服务需求，产生了金融服务的空白地带。但是，网络银行低成本的优势并不是无条件的，必须通过扩大规模才能摊薄网络银行在信息系统和服务后台等方面的投入。如果网络银行规模太小的话，在营业网点方面节省的成本，无法抵销后台系统的成本投入，网络银行的经营成本反而有可能会比传统银行更高。

此外，网络银行不受物理网点营业时间的限制，可以通过电脑、手机、电话等渠道为客户提供7×24小时全天候的金融服务，满足客户的需求。传统银行的自助服务设备（如ATM），也可以实现7×24小时服务，但由于铺设和运营成本较高，覆盖范围有限，很多情况下难以满足用户的需求。

## 二、网络银行的风险分析

银行业总的来说都是高杠杆、高风险行业。传统银行面临的信用风险、技术风险、操作风险、业务风险等，是金融业的共性。网络银行既然没有改变金融或银行的本质，这些特点就会同样存在；并且，在网络经营业态下，这些风险有一些不同特征和表现形式。

### （一）信用风险

#### 1. 网络银行信用风险的基本特征

风险管理是银行经营的根基，信用风险管理又是银行风险管理的核心之一。在信用风险管理方面，网络银行与传统银行既有优势，又有劣势，不同的网络银行在信用风险管理能力上的个体差异也很大，甚至同一家银行内部，不同的地区之间也可能存在显著差异。总之，网络银行信用风险的高低，与每家银行的业务结构和风险管理能力密切相关，很难笼统地说，网络银行的信用风险一定是高于或者低于传统银行。

例如，ING Direct在德国的子公司ING Diba经营一直比较稳健，在业务结构上88%的贷款是风险相对较低的个人住房按揭贷款，并且ING Diba 71%的个人住房按揭贷款首付比例在40%或以上，这就使得ING Diba的信贷风险非常低。从2009年到2013年，ING Diba贷款逾期率分别为1.20%、1.25%、1.13%、0.95%、0.99%，而不良贷款率仅为0.64%、0.73%、0.86%、0.67%、0.67%。风险成本率也基本维持在0.1%~0.2%，即使最高的年份风险成本率也仅为0.24%。稳健的经营理念和低风险的业务结构，使得ING Diba顺利度过了国际金融危机。而ING Direct USA则在2008年国际金融危机期间，因为在美国抵押贷款市场的风险敞口，产生了严重的风险损失，2008年ING Direct不得不在其美国住房贷款抵押证券（residential mortgage backed securities，RMBS）资产池上核销18.76亿欧元。2009年上半年又核销了4.91亿欧元，加上ING集团自身在金融危机中的损失，导致资本金不足，2012年ING Direct USA被出售给Capital One Financial，并且更名为Capital One 360。因此，网络银行信用风险的高低，要从机构本身的资源背景、业务结构、管理能力、公司战略等多个方面来综合评价，不能一概而论。

总体来看，网络银行的信用风险相比传统银行既存在优势，也存在劣势。从优势看，网络银行一般来说业务模式相对简单，如ING Direct在德国的子公司ING Diba就以相对简单的个人住房按揭贷款为核心贷款产品，只要银行能够稳健经营、不过度放贷，信用风险就能基本保持在可控范围内。一些网络银行的主要股东来自电子商务等实业领域，如日本乐天银行，其本身就能够掌握借款人的很多信息，可以利用数据分析更好地识别借款人的信用风险。从劣势看，纯网络银行一般没有实体网点，难以对借款人进行实地调查，只能依靠大数据等线上调查审核技术，难以保证获得的借款人信息的完整性和真实性，对其还款能力的判断也可能产生偏差，也无法像传统银行进行实地走访或与相关人员进行座谈，其风险评估和识别不太完整。一些没有金融业务相关经验的网络银行，往往缺乏完善的信贷风险管理制度、流程和合格的从业人员，与传统银行相比存在很大的劣势。

2. 网络银行信用风险的定量分析——以蚂蚁小贷为例

从定量分析的角度看，传统银行转型的直销银行主要是在负债业务上进行转型，而资产方的信用风险仍然和传统银行相当。只有从事线上贷款业务的纯网络银行，其信用风险特征才会发生变化。由于当前我国开展线上贷款业务的网络银行还缺乏数据积累，而蚂蚁小贷业务又将注入浙江网商银行，网商银行的贷款业务很大部分来自蚂蚁小贷，因此下面以蚂蚁小贷的信用风险管理为例，讨论网络银行的信用风险特征。

（1）蚂蚁小贷的风险管理模型。通过开发信用风险评分模型对准入客户进行风险排序，有效地识别潜在风险客户。信用风险评分模型开发和应用一般有以下几个步骤：一是数据准备、清洗和汇总；二是变量筛选；三是评分模型开发与验证；四是评分模型部署及策略的应用；五是评分模型的监控与再开发。

与传统银行不同的是，蚂蚁小贷的信用风险评分模型开发过程中包含了海量的互联网数据，另外数据挖掘和模型开发的方法也不再局限于传统的统计方法，越来越多机器学习方法也被引入其中（如图3-20所示）。在信用风险管理方面，数据分析不再只是业务的数据支持，而更多的是由数据来发现业务的本质，从而引导业务的发展。

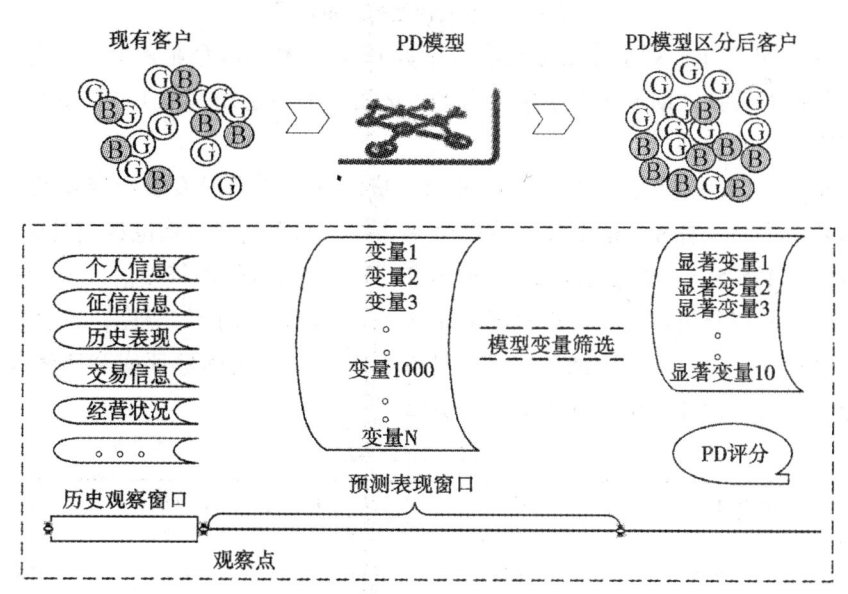

图 3-20 信用评分模型的开发过程

目前蚂蚁小贷掌握和运用的商户网络行为数据包括：①阿里巴巴/淘宝数据——淘宝交易数据十分庞大，包含店铺基本信息、店铺交易数据、买家会员信息、会员浏览数据、旺旺信息等。②其他相关子公司/合作公司互联网数据，其中的地址、社交数据也对信用风险管理起到了非常重要的作用。蚂蚁小贷基于这些数据开发了信用风险 PD 评分模型（如图 3-8 所示）。蚂蚁小贷的信用风险评分模型开发过程中包含了海量的互联网数据。

在授信过程中，蚂蚁小贷基于互联网和大数据开发了"水文模型"（如图 3-21 所示）。"水文模型"顾名思义，参考了城市的水文管理，其根据历史及周边数据判断当期水文的高低。在实际应用中，蚂蚁小贷在授信时，结合水文模型，通过店铺自身数据的变化，以及同类目类似店铺数据的变化，判断客户未来店铺经营情况的变化，从而判断出店铺的资金需求，其与传统模型相比，主要优势在于有效剔除了季节性波动的影响。"水文模型"按照小微企业类目、级别等分别统计某个阿里系商户的相关"水文数据"库，然后用其预测得到的销售额及其 PD 来确定店铺的授信额度和价格。

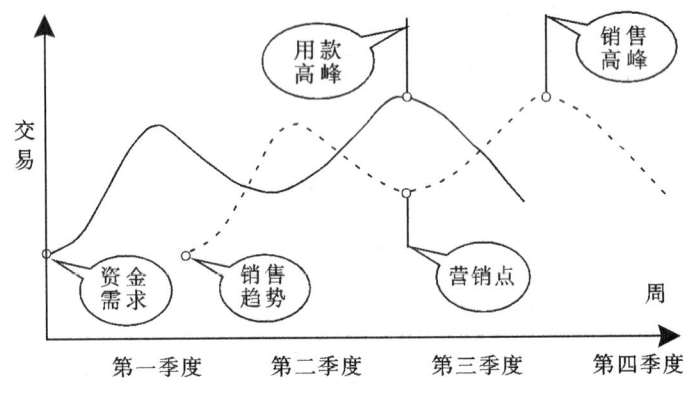

图 3-21 水文模型的应用场景

截至 2019 年年末，蚂蚁小贷累计服务了近 1200 万家小微企业和个体工商业者，发放了超 2 万亿的贷款，期末贷款余额约为 113 亿元，平均逾期率在 1.4% 左右，较好地实现了信用风险的管理。

（2）蚂蚁小贷信用贷款的配置情况分析。贷款的配置情况表示着贷款的实体经济基础，如果信用贷款有较好的实体经济现金流基础，那么信用风险也将相对更小。

随机抽取 176 533 家淘宝店铺，以 2016 年 10 月获得蚂蚁小贷授信准入的淘宝店铺为样本，建立回归分析。其中，被解释变量为淘宝信用贷款授信额度，解释变量包括店铺交易金额、广告投入、店铺等级、交易额下滑评分、店铺好评率和店铺信用评分等相关控制变量，描述性统计（见表 3-12）。

表 3-12 描述性统计

| 变量 | 变量含义 | 均值 | 最小值 | 中位数 | 最大值 |
| --- | --- | --- | --- | --- | --- |
| TD | 交易金额/元 | 179 704 | 0 | 68 299 | 1 728 606 |
| AD | 广告投入/元 | 7895 | 0 | 0 | 128 614 |
| SD | 店铺等级 | 8.84 | 0 | 9 | 14 |
| SC | 交易额下滑评分/分 | 519.8 | 360.5 | 524.9 | 593.6 |
| RA | 店铺好评率 | 0.98 | 0.58 | 0.98 | 1 |
| CSC | 店铺信用评分/分 | 518.3 | 414.7 | 516.4 | 590.3 |

### 3 我国互联网金融发展现状、特征、风险

下面将逐一分析这些店铺相关变量对授信额度的影响。

①交易金额。交易金额是与贷款授信额度最为相关的变量，对贷款授信额度有着显著的影响，是其基础变量之一，交易金额越大，贷款授信额度越高，两者相关性为0.64，这说明淘宝信用贷款有很强的实体经济现金流基础（如图3-22所示）。店铺交易金额需要高于一定的条件才能获得授信，如果店铺交易金额过低，缺乏实体经济的基础，那么店铺就不容易获得授信。

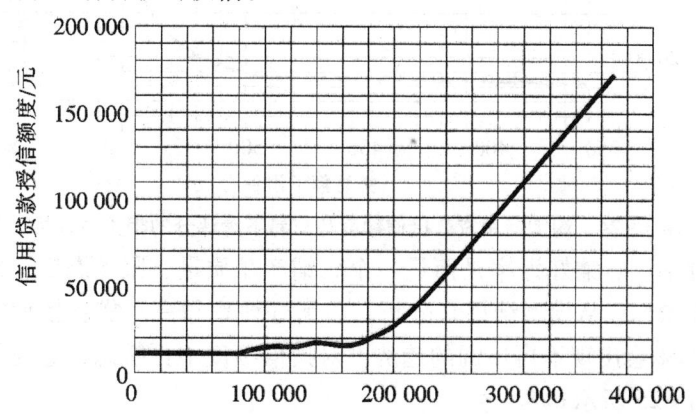

图3-22 淘宝信用贷款授信额度与店铺交易金额的相关性分析

②广告投入。广告投入也是影响贷款授信额度的重要相关变量之一，对贷款授信额度有正相关影响，广告投入越多，授信额度越高，一般来说店铺等级越高的卖家广告投入越多，如皇冠卖家比星级、钻级卖家的广告投入更多，获得的授信额度也相应较高（如图3-23所示）。因此可以说，广告投入对授信额度的影响与店铺等级同样重要。

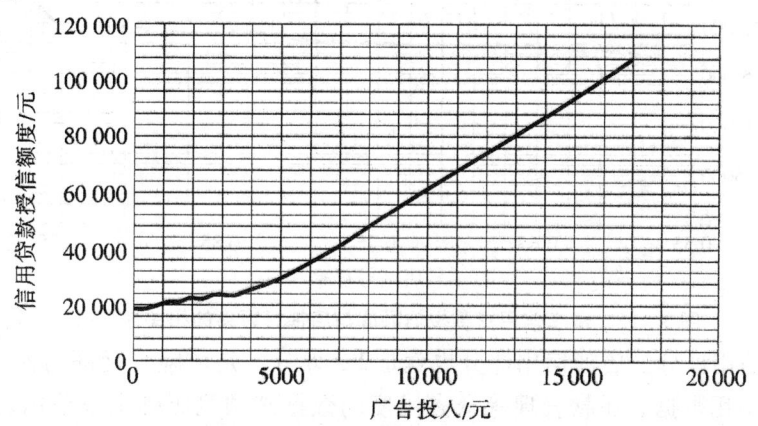

图3-23 淘宝信用贷款授信额度与广告投入的相关性分析

③交易额下滑评分。交易额下滑评分是风险管理部门预测店铺未来交易规模的模型评分，评分越高，交易额越不容易下滑；反之，交易额下滑的概率越大。在本回归分析中，交易额下滑评分越大（未来交易规模下滑的概率越低），对应的贷款授信额度越高，符合业务理解（如图3-24所示）。

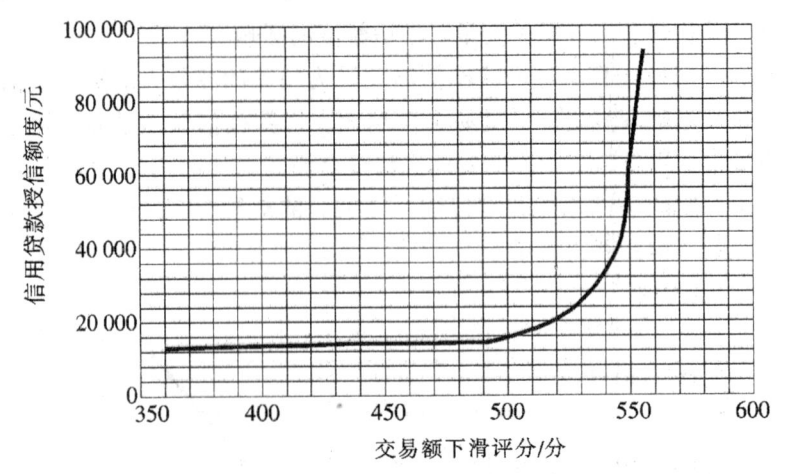

图 3-24 淘宝信用贷款授信额度与交易下滑评分的相关性分析

④店铺好评率。店铺好评率是衡量一个店铺产品质量、服务态度、物流速度、诚信经营等的重要指标。从模型结果来分析，店铺好评率越高，贷款授信额度越高，但是好评率超过 99% 会出现不再单调的趋势，对授信额度不再敏感，这也符合业务常规的理解（如图 3-25 所示）。

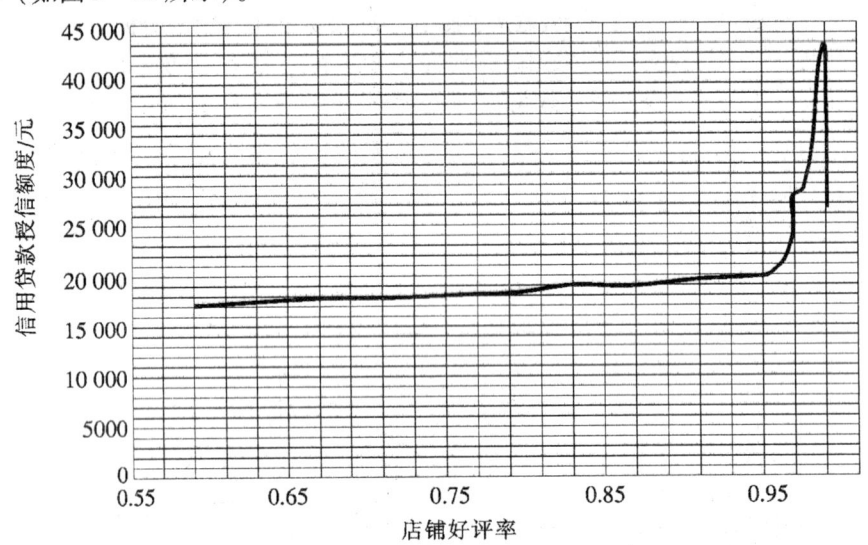

图 3-25 淘宝信用贷款授信额度与店铺好评率的相关性分析

⑤店铺信用评分。店铺信用评分也就是 PD 评分，是风险管理部门根据客户店铺特征、贷款使用数据、还款表现等众多维度的数据来预测店铺未来信用表现（PD）的模型评分，信用评分越高，违约的概率越低。在上述结果中可以看到，店铺信用评分也对贷款授信额度有显著影响，信用评分越高，贷款授信额度也会越高（如图 3-26 所示）。

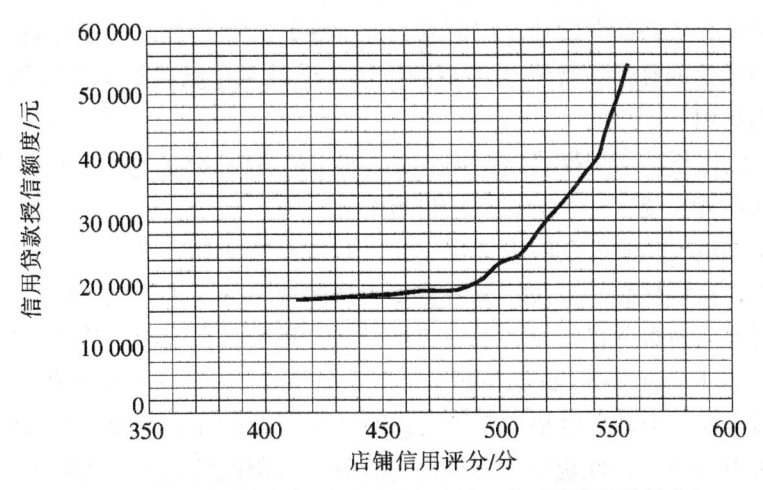

## 3 我国互联网金融发展现状、特征、风险

**图 3-26 淘宝信用贷款授信额度与店铺信用评分的相关性分析**

进一步将贷款授信额度作为被解释变量,进行回归分析,结果表明,淘宝信用贷款额度与交易金额、广告投入、店铺等级、交易额下滑评分、店铺好评率、店铺信用评分等解释变量有很高的相关性(见表3-13)。其中,交易金额和授信额度之间的解释能力最强,说明以蚂蚁小贷为代表的线上贷款模式,其授信额度和实体经济的现金流之间关系密切,因而风险相对更低。

**表 3-13 贷款配置的回归检验**

| 变量 | 变量含义 | (1) | (2) | (3) |
| --- | --- | --- | --- | --- |
| TD | 交易金额 | 0.083 | 0.064 | 0.063 |
|  |  | (330.2) *** | (236.4) *** | (260.6) *** |
| AD | 广告投入 |  | 0.45 | 0.45 |
|  |  |  | (99.9) *** | (100.8) *** |
| sr | 店铺等级 |  | 8351.23 | 7444.3 |
|  |  |  | (98.5) *** | (81.1) *** |
| sc | 交易额下滑评分 |  |  | 123.67 |
|  |  |  |  | (26.0) *** |
| RT | 店铺好评率 |  |  | 110 748 |
|  |  |  |  | (12.14) *** |
| csc | 店铺信用评分 |  |  | 32.77 |
|  |  |  |  | (5.36) *** |
| 截距项 |  | 14 471 | -59 494 | -240 580 |
|  |  | (89) *** | (79.33) *** | (28.71) *** |
| R |  | 0.38 | 0.451 | 0.454 |

*,**,*** 分别代表在1%、5%和10%显著性水平内显著。

注:括号内为 $t$ 统计量

(3)蚂蚁小贷信用贷款的配置效率分析。商业银行通过信贷资源供给,可以扶持优质企业获得更快的发展和成长。高效的信贷资源配置,能够提升经济活动的效率,并促进经济发展和带动社会就业，同时降低商业银行的信用风险。而低效的信贷资源配置，会使得低效的经济主体获得更多的资源，反过来会阻碍经济发展和社会就业，并产生更高的信用。

那么，网络银行的信贷投放配置效率如何呢？对 PD 评分相近（即基本情况相当）、使用和没有使用淘宝贷款卖家的成长性进行对比分析。通过实证分析发现，蚂蚁小贷的借款客户基本属于急需资金的小微企业通过蚂蚁小贷的贷款支持，它们可以更快地抓住市场机会，获得更快的成长。与没有使用贷款资源的商家相比，使用了贷款资源的商户平均有效交易额得到了显著增加，从而能使用更优惠的利率贷款，扩大经营规模，形成良性循环。表 3-14 的结果显示，以店铺等级为 4 钻的贷款客户为例，不使用信用资源的商家在三个月之后平均有效交易额增长了 3.34%，而使用信贷资源的商家交易额增长了 18.5%。由此说明，淘宝信用贷款的资源配置效率是正向的，能够帮助优质商家实现更快的发展。

表 3-14 使用贷款和未使用贷款商家三个月平均交易额增长比较

| 店铺等级 | 前后三个月交易额增幅/% |  | 超额增长率/% | 统计量 |
| --- | --- | --- | --- | --- |
|  | 未使用 | 使用 |  |  |
| 1 钻 | -0.58 | 18.48 | 19.06 | 2.71 *** |
| 2 钻 | 6_33 | 28.43 | 22.10 | 4.14 *** |
| 3 钻 | 4.71 | 23.99 | 19.28 | 3.62 *** |
| 4 钻 | 3.34 | 18.5 | 15.16 | 2.23 ** |

*，**，*** 分别代表在 1%、5% 和 10% 显著性水平内显著。

（4）蚂蚁小贷信用风险的定量分析——基于 VaR 方法。前面的研究主要分析了蚂蚁小贷的信用风险管理模型和信用风险特征，为了使监管框架具有一致性，还需要用标准的在险价值（value-at-risk，VaR）方法对信用风险进行计量。VaR 的含义为：在一定置信度水平下，贷款组合在未来特定时期的最大可能损失。自《新巴塞尔协议》（也称《巴塞尔协议Ⅱ》）以来，银行的内部评级法主要依赖 VaR 方法来度量信用风险，从而计提相应的资本金。

下面针对淘宝信用贷款的违约风险分散问题进行研究。通过与民生银行小微企业贷款的比较分析可知，淘宝信用贷款绝大部分的单笔贷款金额都集中在 5 万元以下，满足风险分散原理，而民生银行小微贷款的户均规模约为 180 万元。贷款小额、分散不仅有助于降低淘宝信用贷款的违约风险，也有助于满足小微企业的融资需求。

通过 50 000 轮蒙特卡洛模拟计算淘宝贷款和民生小微贷款的违约损失分布。其中，淘宝贷款的参数来自 176 533 家淘宝店铺，而民生银行小微贷款的违约率来自 2016 年年报，为 1.6%，违约的方差一般与规模相关，假设为淘宝贷款的 $\sqrt{10}$ 倍，计算得到逾期金额分布图（如图 3-27 所示）。

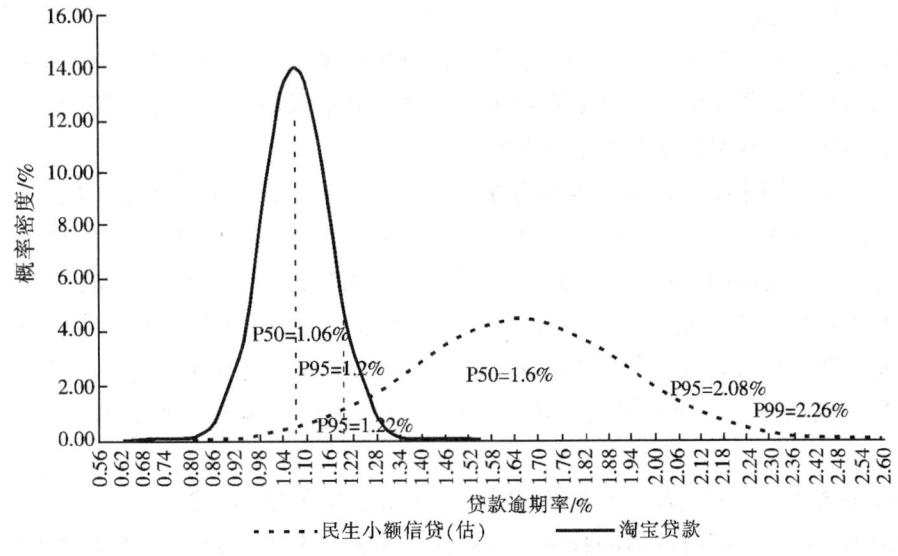

### 3 我国互联网金融发展现状、特征、风险

图 3-27 淘宝 12 期信用贷款 30 天逾期金额分布图

根据图 3-27 的模拟分析结果，淘宝信用贷款整体逾期率低于民生银行小微企业贷款。假设违约损失率为 100%，那么淘宝信用贷款 1.28% 的资本金可以覆盖 99% 概率下的非预期损失，而民生小微银行需要 2.26% 的资本金才可以覆盖 99% 概率的非预期损失，这是因为淘宝信用贷款具有小额、分散的特征，同时其基于大数据的风险管理模型能够准确识别店铺信用风险。总体来看，对同样的贷款规模，网商银行未来的线上贷款业务覆盖信用风险所需要的资本金可以更低一些，这有助于提高网商银行资本的使用效率。

3. 对网络银行信用风险的讨论——以蚂蚁小贷为例

以上定性和定量分析表明，对相同的贷款规模，由于以网商银行（蚂蚁小贷）为代表的网络银行基于大数据的风险管理体系及小额贷款对风险的充分分散，网络银行所承担的信用风险低于传统银行，因而需要计提的资本金可以更少。

但是也要看到，网商银行只是网络银行的特殊模式，其依托电商平台，有较强的实体经济背景。对不同网络银行而言，其信用风险的高低取决于其业务定位和风险管理能力。由于不同网络银行的信用风险特征差异巨大，所以在核算其信用风险的最低资本金要求时，应更多地使用内部评级法基于历史数据度量风险，而对于缺乏历史违约数据的网络银行的线上贷款业务，考虑到线上贷款的基础数据的可靠性，需要采用相对更为保守的风险权重来计算信用风险加权资产。

此外，在网商银行信用风险管理实践中，由于贷款具有小额、分散的特征，所以将违约相关性假设为零，这意味着网商银行的信用风险具有更长的"尾部"，一旦发生系统性风险，网商银行会面临更大的损失。因此，对网络银行的线上贷款资产，需要计提一定的逆周期缓冲资本（按《巴塞尔协议Ⅲ》的要求为 0 ~ 2.5%），以应对系统性风险的冲击。

## （二）市场风险

市场风险实际上是利率、汇率、股票、商品等价格变化导致银行损失的风险。无论是网络银行还是传统银行，只要参加市场交易，就会承担市场风险。因此，网络银行和传统银行在市场风险上基本没有太多区别。

就我国的纯网络银行而言，其业务基本以借贷为主，较少参与外汇、股票、商品等交易，因此最主要的市场风险是利率风险。对银行利率风险的分析，要分析利率变化对银行资产、负债的影响。再以蚂蚁小贷的市场风险为例，从蚂蚁小贷的贷款定价看，目前蚂蚁小贷的贷款产品基准日利率为万分之五，同时其会根据风险模型评分、卖家规模、客户价值等因素进行差异化定价，具体执行中，经常以红包、折扣方式补贴客户的利息成本，实现差异化定价，红包的发放策略会偏向中小卖家以帮助他们成长。

蚂蚁小贷在扶持中小微卖家客户的同时，会结合客户的风险进行定价。一般来说，所有的卖家客户都有相应的风险评分，风险高的客户，利率偏高；反之风险低的客户就能享受利率优惠政策。例如，刚起步的星级小卖家虽然规模较小、符合扶持的政策，但其本身风险较高，而且容易放弃经营，因此其利率仍会略高于钻级卖家。但对处于跳级阶段的5星级（即将升级到钻）卖家，折扣会加大帮助其跳级进入一个新的发展阶段。从表3-15可以看出，最初的星级店铺利率相对较高，而钻级店铺就会低一些。

表3-15 按店铺等级的淘宝贷款平均利率分布

| 店铺等级 | 平均利率/% | 贷款客户数/个 |
| --- | --- | --- |
| 1. 星级 | 17.39 | 148 149 |
| 2. 钻级 | 16.99 | 538 966 |
| 3. 皇冠 | 17.73 | 110 895 |
| 4. 红冠 | 18.40 | 778 |

此外，客户价值也是贷款利率定价的重要因素。所谓客户价值，就是客户为蚂蚁小贷创造的收益。对于新客户而言，其对蚂蚁小贷未曾产生价值（利息收入），数据模型会根据蚂蚁小贷的基准放贷利率、风险模型评分及店铺规模进行定价，而老客户（曾使用过贷款的客户）会根据过去产生的价值、过去的授信额度、使用率等，结合其风险模型评分及店铺规模进行定价。总的来说，风险模型评分、卖家规模、客户价值是主要的几个定价维度。

从资金来源看，由于目前还没有不允许远程开户，所以蚂蚁小贷不能吸收存款融资，资金主要来源于资本金和资产证券化。从2013年6月底获得证监会发行批准，专项计划发行总规模上限为50亿元，每只计划规模为2亿~5亿元。优先级份额：次优先级份额：次级份额为7.5∶1.5∶1，次级份额由蚂蚁小贷自身持有（如图3-28所示）。每只期限为1年至2年，优先级份额可在交易所平台上市交易，利率为6.0%~6.9%，为固定利率。至今，共计发行7只专项计划，募集资金35亿元，认购人均为机构投资者，包括银行、保险、财务公司。

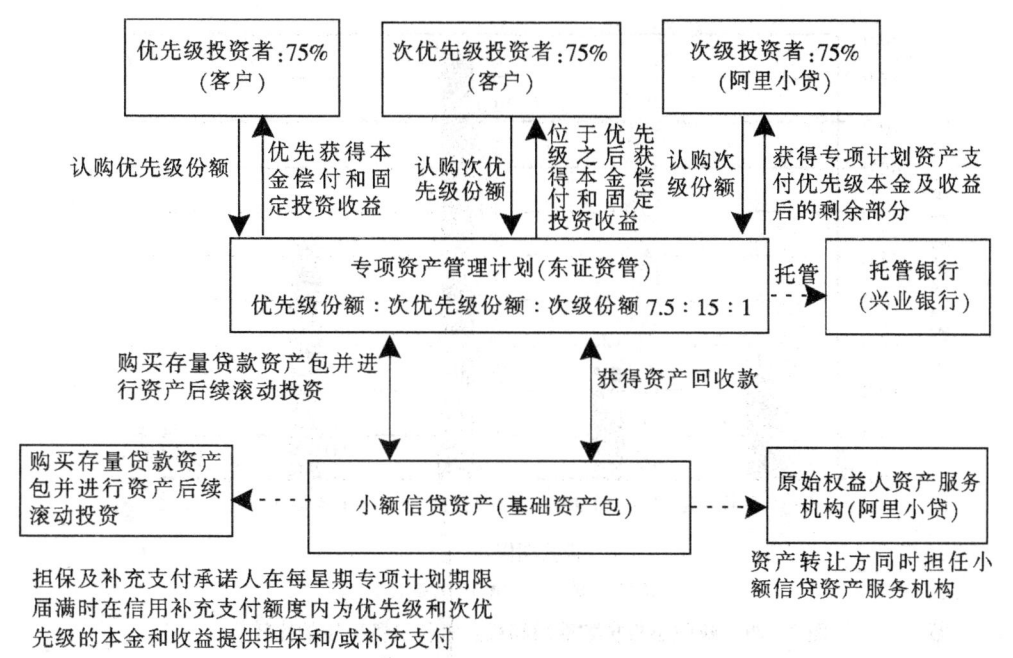

3 我国互联网金融发展现状、特征、风险

**图 3-28 资产证券化模式图**

总体来看,由于资产端和负债端都为同定利率,基本不存在利率风险,未来随着蚂蚁小贷转型为浙江网商银行,其负债利率可能会随市场利率浮动,那么在当前模式下,将存在利率的上行风险,考虑到资产收益和负债成本之间的利差,可知利率风险并不是网商银行的主要风险点。

(三)流动性风险

流动性风险主要来源于自身资产负债结构问题(主要是资产负债期限不匹配)及市场突发性情况。

从资产负债表的结构来看,传统银行"短存长贷"的期限错配风险较为突出。一般银行的资金来源主要是一年及一年以下的存款,而其投放的主要是中长期贷款,当短期内发生大量的资金流出时(如储户提款),银行可能没有充足的资金来应对,因而发生流动性危机。

与传统银行主要持有中长期贷款资产不同,依托电子商务平台经营的网络银行一般主要服务于有短期信贷需求的中小企业,所以贷款资产的期限基本不超过一年。以蚂蚁小贷为例,该公司主要以短期贷款业务为主,服务于在淘宝、天猫和阿里平台上运营的商家。贷款期限均在 1 年以内,初始放款期限为 1 个月、6 个月、12 个月,其中部分贷款产品支持随借随还,贷款资金回笼速度快,使用效率高。2014 年 9 月末,淘宝贷款中 72% 的贷款期限在 6 个月以内,28% 的贷款期限为 6~12 个月。从图 3-29 可知,蚂蚁小贷的贷款期限明显低于民生银行。再看负债端,蚂蚁小贷主要通过资产证券化方式获得资金,期限较长(2~3 年),因此蚂蚁小贷所面临的"短借长贷"的资产错配风险相对传统银行较低。但是,对整个网络银行行业而言,流动性风险的高低在很大程度上还是取决于其管理流动性风险的能力。

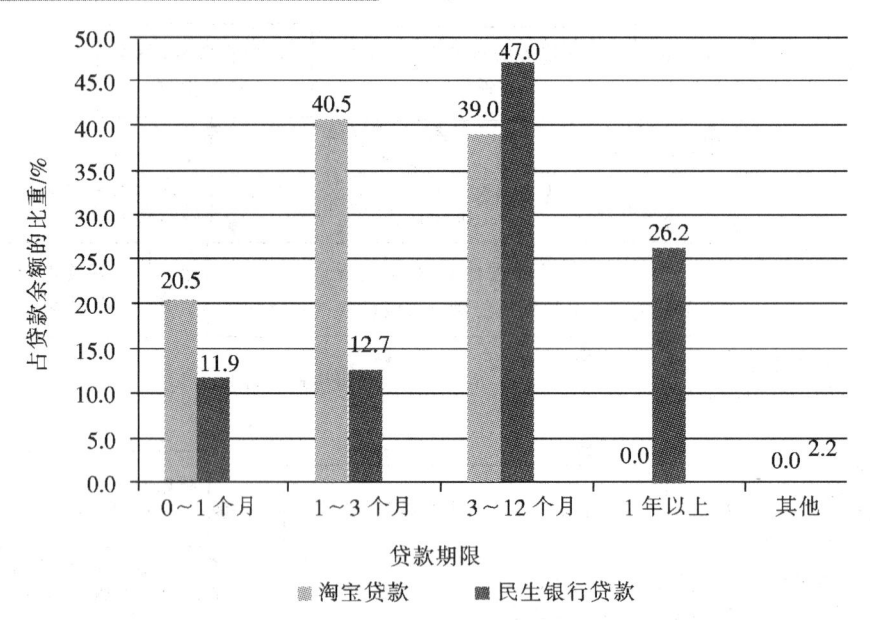

图 3-29 蚂蚁小贷贷款期限和民生银行贷款期限的比较

(四) 操作风险

操作风险是网络银行最独特的风险。

1. 降低了传统人工产生的操作风险

网络银行大量采用信息系统来替代人工操作,可以大幅减少由人工因素导致的操作风险,如现钞清点、假币识别、系统数据录入、文件和合同的盖章等流程操作环节产生的风险,传统银行可能存在的工作人员卷款跑路风险,在网络银行不太可能发生,这些环节的操作风险相比传统银行会更低一些。

2. 对网络信息平台产生的技术安全风险

网络安全环境不佳、对用户的教育和风险提示不充分也是网络银行常见的风险,最突出的是病毒和钓鱼网站的问题。一些用户自身的网络安全意识不足,在浏览网页时点击了非法链接,访问了钓鱼网站,而用户以为自己访问的是安全的银行官方网站,导致账户信息和密码被窃取,从而发生资金损失。还有一些用户电脑杀毒软件没有及时更新,中了病毒,导致上网行为被非法监视,甚至被远程控制,这也可能会导致账户资金损失。

3. 网络身份审核可靠性不足的风险

实名认证是银行业经营重要的监管合规要求,目的是防范匿名交易造成的金融风险(主要是反洗钱和反恐怖融资)。在传统银行服务模式下,客户身份主要依靠银行工作人员在柜台面签来识别,而网络银行没有或者很少有物理网点,基本上完全采用远程技术来识别用户身份,两者在方法上存在明显的差异。

按照我国目前的监管要求,银行为客户开立结算账户必须在柜台面签,目前银行柜台验证客户身份主要校验两个内容:一是身份证件的真实性;二是身份证件照片与本人相貌的相似度。前者主要通过身份证公安联网系统查验,后者依靠银行工作人员

➜ 3 我国互联网金融发展现状、特征、风险

观察来判断。这种方法在实践中基本行之有效，但也存在一定的风险。最主要的缺陷是身份证没有注销机制，加上银行工作人员因工作疏忽或者主观分辨能力不足，可能会给冒用身份者开立合法的银行账户。由于我国二代身份证采用非接触式 IC 卡技术，内置射频识别（radio frequency identification，RFID）芯片，没有相应的"注销机制"，公民在丢失身份证后，从网上批量购入他人身份证，再通过网络招聘找来与身份证上相片相貌相似的"开卡人"去银行开户，随后该团伙将身份证、信用卡、U 盾等打包出售。最终这些合法的证件，被用于开办银行卡、信用卡、掩护诈骗及洗钱等不法活动。

网络银行没有物理网点，主要通过远程方式进行客户身份识别。大部分发达国家都允许网络银行远程为客户开立账户，无论是传统银行的网上银行业务，还是新兴的纯网络银行，其开立的账户在账户功能上与柜台开立的银行账户并没有区别。在实践中，经过十多年的发展，不同网络采用了不同的用户身份认证方法。比较常见的方法如下。

一是账户汇款交叉验证方法。这是海外网络银行（包括 ING Direct）最常用的方法。以 ING Direct 为例，其主要采用两种开户方法：第一种是通过绑定账户开支票来完成实名认证，这也是最常见的网上开户方式，一用户在网站上申请注册时，需填写个人身份信息并绑定一个支票账户，此时将会生成电子银行账户，之后用户需通过绑定的支票账户向电子银行账户开出任意金额的支票，只要网站顺利完成支票兑现，用户就可以通过实名认证。第二种是采取银行汇款的方式。在注册环节和第一种方式一样，只不过在认证环节不是通过支票汇款，而是通过银行汇款，即 ING Direct 将会向用户绑定的银行账户汇入两笔小额资金，金额是随机的，只要用户登录 ING Direct 电子银行账户，正确输入两笔汇款金额，就可以通过实名认证。

二是个人私密信息验证方法。例如，花旗银行在加利福尼亚州的认证方法是，让用户在填写完基本申请资料以后，提供几个关于个人征信和纳税的信息，这些信息在美国是非常私密的，通常只有用户本人才知道，只要用户回答正确就可以通过认证。中国人民银行已经在开展的用户在线查询个人征信报告，也是采取类似的方法。

三是线上+线下验证方法例如，日本的网络银行——乐天银行是让用户在线填写申请资料，并且用自己的手机向指定号码发送短信（在日本所有手机号在开户时都经过了实名认证），乐天银行会将制作好的账户信函和银行卡以挂号信的方式邮寄给用户（在日本，挂号信必须由邮递员当面核对身份后才能签收），用户签收以后再打开账户信函，把信函上的验证信息输入乐天银行网站上就可以完成激活。

近年来随着互联网技术的发展，基于人脸、指纹、声纹等生物特征的远程身份认证技术也获得了快速的发展。2014 年 9 月，苹果公司推出的 iPhone 6 系列就支持指纹身份校验并完成支付。2015 年 3 月，阿里巴巴集团董事局主席马云在德国参加 CeBIT 展会时演示了蚂蚁金服的 Smile to Pay 人脸识别技术，该人脸识别技术运用了"交互式指令+连续性判定+3D 判定"技术，其在 LFW 国际公开测试中达到 99.5% 的准确率，

· 81 ·

并通过了中国公安部的技术认证,达到了金融级的应用要求,而肉眼识别的准确率大约只有 97.5%。未来人脸识别技术可应用于网络银行的远程实名认证,其可靠性大大高于银行柜台工作人员肉眼识别率。当然,人脸识别技术也不是完全零风险的,实践中也存在双胞胎相貌极为相似的情况,这就需要采用多种认证方法交叉验证来解决。

但也要看到,国内市场和互联网环境与海外存在差异,国内不同网络银行的技术水平差异较大,对于技术水平较低的网络银行而言,可能存在一定的洗钱风险,因此需要加快建立远程开户认证的技术标准。

## 3.2 我国互联网金融发展的趋势

### 3.2.1 互联网金融行业集中度提高

我国互联网金融行业的市场份额将主要由几家优质互联网金融企业占有,形成寡头垄断的行业竞争格局,企业通过集团化运行,提供多元化的互联网金融服务。该趋势的形成具有较强的内部动力和外部推力。

首先,互联网金融的外部性是行业集中度提高的内部动力。依据网络经济理论和双边市场理论,互联网具有使用外部性和成员外部性,导致"科斯定理"失效,产生双边市场,平台吸引一方主体越多,另一方主体参与平台活动的积极性越高。具有先进优势的企业平台,在获取客户流量上有绝对优势,如果平台本身服务没有大问题,能够迅速地淘汰竞争对手,占领市场,此即行业集中度提高的内生力量,我国第三方支付平台以支付宝和财付通为主的行业格局就很好的验证了该发展趋势,因此,其他的互联网金融模式的外部性也将会显现,在内控、监管加强下,优先提高平台服务水平的企业平台将更多的获得市场份额,最终表现为行业集中度的提高。

其次,合规监管是行业集中度提高的外部推力。2013 年后互联网金融进入了野蛮发展阶段,业务多元化、交易规模成倍增加的同时,平台非法集资、暴力催贷、校园现金贷等安全问题频发,行业监管趋严,经过多次的行业清理整顿,不合规的企业平台将大量地退出市场,最终提高行业集中度。行业集中度提高体现在两方面:一是资金、用户向头部平台集中;二是平台、资金、用户向重点地区集中。以 P2P 网络借贷为例,2016 年开展全国互联网金融风险专项整治和 2017 年开展全国 P2P 网贷专项整治工作,进一步加强了行业集中度。自 2016 年 5 月开始了三阶段的清理整顿,第一阶段 P2P 停业及问题平台累计达 3345 家;第二阶段自 2016 年 12 月开始,截止到 2018 年 6 月,该阶段清理整顿重点网贷平台的备案登记、资金银行存管、信息披露、TCP 许可等方面的合规性;第三阶段是 2018 年 7 月至今,重点清理在运营网贷机构,严格制定网贷机构退出准则,按照"应退尽退"的原则进一步减少网贷平台贷款余额、人数和平台数量。一是资金、用户向头部平台集中:2016 年,在运营网贷机构 2448 家,行业规模 20 638 亿元,最大平台集中度(红岭创投 140 亿元)仅为 0.68%。2018 年末,在运营网贷机构 1072 家,行业规模 17948 亿元,最大平台集中度(陆金服 1162 亿元)

6.5%，较 2016 年末集中度增加近 10 倍。二是平台、资金、用户向重点地区集中。现有平台主要集中在北京地区，目前在运营 P2P 网贷平台 40% 注册在北京，近 8 成机构贷款余额集中在北京、广东、上海、浙江四个地区。

### 3.2.2 互联网金融全产业链发展升级

互联网金融已经初步形成了流量端、运营服务和资产端的全产业链，未来产业链的分工将进一步细化明确，上下游企业深入挖掘自身价值，推动全产业链的发展升级。产业链核心主体是平台公司的资产端，平台公司负责设计开发相应的金融产品或金融服务，是互联网金融产业实现资源配置的关键；拥有客户流量的企业处于互联网金融产业链前端，与平台公司合作挖掘用户金融服务需求，为平台提供广泛的客户，获取广告、终端费用和营销费收入；门户网站、金融科技企业、商业担保企业、资金存管机构、催收企业等主体为平台公司发展提供重要的运营服务，从平台公司运行管理、风险管理、风险分担等方面提供保障支持。

### 3.2.3 互联网金融监管能力提高

通过国外发展的借鉴和国内发展的经验总结，我国互联网金融的监管将更加注重处理好创新发展与风险控制关系，从监管立法和监管技术两方面作为切入点，进一步提高监管能力，具体将表现在以下几点：

第一，明确监管主体。目前，中国人民银行出台的指导意见已经明确了监管主体的基本职责。同时，互联网金融具有分散化和小规模特点，这都要求必须明确监管主体。对互联网金融的监管需要进行多方位监管，不能仅仅采用单纯的统一监管思路，应该采用中央层面和地方层面双线监管的模式。中央层面由金融稳定发展委员会牵头，以"一行两会"为主体，地方层面以地方政府为主体，积极成立完善地方金融监督管理局组织架构，赋予金融监管权力。

第二，提高准入门槛。互联网金融的低准入门槛在推动普惠金融发展、提升全民参与度的同时也造成了一系列监管问题，面对互联网金融低准入门槛的特性，监管机构如何进行全面有效的监管显得尤为重要。目前，中国人民银行和银保监会已经出台相应的措施：网贷平台必须取得电信业务经营许可证才有经营资格、互联网保险机构必须持牌经营。提高准入门槛已经成为一种互联网金融监管的新趋势，可以有效地改变和治理目前监管的混乱现象。

第三，加强信息披露。互联网金融机构、平台提高运营透明度、加强信息披露程度，可以有效地避免投资者因为信息不对称而造成的风险。同时，加强信息披露可以促进监管机构采取更加有效合理的监管措施进行监管。为了避免互联网金融利用其自身的优势拓展业务造成监管真空地带，监管部门将逐步采用以信息披露为核心的行为监管。监管部门建立完善的信息披露制度，实行透明度监管是当前互联网金融监管的大势所趋。加强信息披露，要坚持始终以投资者利益为中心，同时要保证互联网行业的低成本运营，更要注重信息披露的质量。

完整高效的信息披露制度有利于加强人们的风险意识，加强人们对互联网金融机构的监督。这样互联网金融的监管者又多了强有力的一方，这种披露制度要求互联网机构按照相关法律要求，在规定运作阶段内向监管部门报告其财务状况、运营状况，且按照一定的格式要求，建立互联网融资统计监测体系以防止其作假。由于互联网金融处于不断创新之中，所以其披露方法也要随着不断进行加强与改变。

第四，加强行业自律。在欧美互联网监管经验中，行业自律起了很大的积极作用，我国将借鉴国际经验，发展行业自律。在我国，互联网金融监管采取行政监管与行业自律相结合的监管模式，政府监管部门和机构作为监管主体，负主要监管责任，行业自律组织和协会作为补充对互联网金融进行自律监管。目前，中国互联网金融协会按照中国人民银行的要求和指引，不断加快推进自律管理体系的建设，积极处理好自律组织和政府监管部门的关系，不断发挥行业自律的作用，已经逐渐成为行政监管的重要补充。

第五，创新监管技术。互联网金融是互联网科技与金融融合的创新模式，对其监管不仅要懂金融科技，而且会越来越依赖云计算、大数据、监管沙箱等监管等新兴技术改革传统监管手段，一方面能够提高监管效率，更好地控制风险；另一方面，有利于解决监管力量明显不足的问题。

### 3.2.4 互联网金融的跨界融合加剧

互联网金融跨界融合，主要体现在与传统金融的点对点的跨界融合以及与其他非金融产业的点对面的跨界融合。

首先，互联网金融与传统金融的跨界融合。互联网金融快速发展得益其具有开放性、信息有效性等特点能够为长尾市场提供有效供给，所谓长尾市场即我国银行为主导的金融体系无法有效提供资金融通服务的中小微主体的融资需求。根据二八原则，传统金融与互联网金融为经济主体提供差异化服务，但该格局随着利率市场化改革深化，普惠金融理念的推动，将有所改变，一方面表现为传统金融机构通过互联网化向产业链前端延伸，银行、保险、证券等金融机构借助产品创设和风险管理等优势，通过互联网金融布局寻求业务拓展，例如，传统金融机构出现了智慧银行、电子银行、银行网络支付等实践，尝试将经营重心下沉，以长尾客户为服务对象进行产品、服务模式创新；另一方面表现为互联网企业通过金融化向产业链的后端延伸，阿里巴巴等企业发挥长尾用户的资源优势，大力发展互联网金融，实现主业的闭环发展。此外，互联网金融与传统金融在资金存管、信息数据共享、风险联防等方面将加强合作。

其次，互联网金融与非金融产业的跨界融合。主要表现在产业+互联网+金融的"1+1+1"的跨界融合模式日益盛行。连续两年在政府工作报告中将工业、零售、金融三大行业作为"互联网+"的"排头兵"。随着大数据和云计算等技术的运用，医疗、汽车、教育、旅游、农业、物流等行业纷纷拥抱互联网金融，产业互联网金融将有较大发展空间。在政府工作报告明确提出：规范发展互联网金融，大力发展普惠金融和绿色金融。

### 3.2.5 互联网征信体系建设加快

信用风险是互联网金融发展面临的主要风险之一，因此，征信体系的建立对于互联金融发展至关重要，因此，未来互联网征信体系建设的步伐将加快，主要发展方向是：基于互联网金融交易数据的征信体系发展和推动与人民银行征信系统的对接。

首先，互联网征信体系发展拥有资源、技术、发展意愿等多方面条件支持。互联网金融交易具有广泛性、高覆盖率、交易数据信息化等特点，随着互联金融交易的开展，会形成巨大的交易数据信息，依托大数据技术可以将更多场景下的多维度、碎片化信息整合、解析和过滤，通过数据共享，打破数据孤岛，行业内部企业为控制信用风险，降低运营成本，有意愿共同搭建黑白名单数据平台，建立征信体系。

其次，与人行征信系统对接将取得突破。建立全社会开放的征信体系是金融基础设施建设的必然选择，因为一方面，互联网金融随着自身规范发展及行业征信系统的成熟，其在社会征信体系中的地位和作用越加凸显；另一方面，互联网金融与传统金融的融合，会共同面临业务风险，形成统一的征信需求。所以，互联网金融作为非金融机构无法加入中国人民银行的征信体系的规定限制将会放开。

# 4 互联网金融风险识别、量化与扩散模式研究

## 4.1 基于数据挖掘技术的互联网金融风险识别

在国家支持互联网创新的政策背景下,互联网金融迅速发展。据统计,截至 2019 年 6 月,支付宝及其本地钱包合作伙伴已经服务超 12 亿的全球用户,余额宝总份额 1.03 万亿份,上半年共为客户赚 123.68 亿元。这些数据表明随着互联网技术的快速发展,互联网金融模式也得到了极其迅速的发展。

目前互联网金融风险监管还处于初级阶段,随着全球化和金融科技的快速发展,越来越多的金融科技创新如区块链、机器学习、数据挖掘等技术都开始被金融业和监管机构重视和实施。阿里巴巴利用自己电子商务平台的独特优势,探索出"阿里征信模式",利用海量用户信息、信息数据等多维度数据来进行风险控制。互联网大数据技术和数据挖掘技术在阿里巴巴、京东等电子商务平台风险评价及监管上的成功应用,也说明了利用了大数据挖掘技术能够较好地实现互联网金融风险的识别及监管。互联网金融诸多风险都有可能会带来很多的金融危机,不仅会影响到企业公司的金融发展,还有可能会影响到国家和社会的稳定。因此,为了防止这些危机的发生,就要利用数据挖掘和分析技术来建立互联网金融风险识别和评价预警体系。

### 4.1.1 互联网金融风险分析方法

1. WOE 评分卡法

WOE(Weight of Evidence)信用评分卡模型作为国外的比较成熟的风险预测方法,在信用风险评价及互联网金融风险控制领域广泛应用,是一种将信用评分模型的变量进行离散化后在进行 Logistic 回归的广义线性模型,在离散化过程中主要使用证据权重编码方式进行离散,因此称为 Weight of Evidence。

WOE 评分卡模型的流程为:

(1) 高风险比对赋予权重 40%。

(2) 非法集资倾向性赋予权重 40%。

(3) 规模影响力为加权因子。

(4) 结合具体业务,根据赋值权重和结果分析对权重进行相应调整,是模型评分更加准确。

2. Logistic 回归方法

Logistic 回归算法的基本思想就是将模型输出设定为 0 和 1,其中 0 代表违约,1 代表守约,使得信用风险评价的结构更为直观清晰。通过获取大量的客户信息,确定互

联网金融信用风险的指标维度，将数据进行预处理，并对预处理后的数据进行深度挖掘和量化，可以得到人们所需要的隐含信息。一个比较好的互联网金融信用风险评估模型可以直接反映客户的偿还贷款的能力和还款意愿。Logistic 回归模型结构简单，数据处理较快，能较好地满足数据进行实时更新的要求。

接下来，本文选用 BP 神经网络来对互联网金融信用风险进行评价，并根据评价结果提出预警机制。

### 4.1.2 互联网金融风险量化及风险评价模型的构建

1. 互联网金融风险评价指标体系

互联网金融风险包括很多种，但其中信息不对称、信用风险是互联网金融风险的高发事件。互联网金融信用风险较高，存在较大的风险溢价，互联网金融平台必须通过较高的利率才能对冲投资者面临的风险，因此，大大提高了融资成本。近几年，一些不法分子趁机钻国家对互联网监管的空子，发布假信息，建立资金池等，最终沦为庞氏骗局，大大影响了民众对互联网金融的看法，制约互联网金融的健康顺利发展。下面就互联网金融用户信用风险展开论述。

根据大量文献的查阅，结合我国互联网金融监管部门现状，通过多种渠道获取了互联网金融风险评价指标，构建了合理的互联网金融信用风险评价指标体系，见表4-1。

表4-1 互联网金融信用风险评估指标体系

| | 一级指标 | 二级指标 |
|---|---|---|
| 互联网金融风险评估指标体系 | 用户基本信息 | 年龄 |
| | | 性别 |
| | | 婚姻状况 |
| | | 学历 |
| | 用户资产 | 职业 |
| | | 有无房产（有，注明数量） |
| | | 年收入 |
| | | 净收入 |
| | | 金融资产 |
| | | 其他资产 |
| | 用户贷款情况 | 有无贷款（有，注明金额） |
| | | 贷款逾期次数 |
| | | 贷款逾期时间 |
| | | 贷款利率 |
| | | 贷款周期 |
| | | 贷款次数 |
| | | 已还款金额 |
| | | 贷款原因 |
| | 第三方数据 | 身份认证 |
| | | 央行征信 |
| | | 支付宝账户认证 |

2. 互联网金融风险评价模型的构建

(1) 数据预处理。初始数据有可能格式规范，可以直接使用，而大多数的数据即使清洗过，也会有格式不统一不规范的问题，甚至会有数据冗余、数据缺失等问题，如果想达到比较准确的建模效果，就需要对原始数据进行预处理。数据清洗是数据预处理中最重要的工作之一，可以使得数据更容易存储和使用，假设将所有初始数据进行格式标准化之后，将一些不合格的数据进行删除就可以保证数据的有效性和一致性。

数据预处理：将原始数据转换成适合使用及数据分析的形式。数据预处理的一般流程包括：多源异构数据的融合、数据清洗、数据集成、数据规约、数据变换等等。数据预处理目前还没有很好的方法和软件来进行自动化工程化，因此，数据预处理对于数据挖掘人员，通常会耗费大量的时间和精力，而且要加入人为经验进行干预。在数据挖掘的过程中会遇到很多比如特征值太多而导致的维度太大，静态模型灵活性不好等问题，因此，需要对数据预处理的方法进行不断的探索。

①数据清洗。对原始数据中的缺失值进行处理，主要使用人工填写、所有样本指标均值或中位数进行填充、凭借经验填充最可能的值等方法，也可以使用拉格朗日插值法、牛顿插值法等方法进行缺失值的填充。

对噪声数据进行平滑处理，常采用的方法包括分箱方法（通过数据的近邻来进行光滑有序数据）、回归方法（函数拟合）、离群点分析（利用聚类方法检测离群点）等。数据清洗还包括：无关数据进行删除，对重复数据进行去重复，对异常值进行处理。

②数据集成。对于多源异构的原始数据，就需要将不同的数据集进行集成，减少数据的冗余和不统一性，这样有利于后期数据挖掘和分析。对于多个指标数据可以利用相关性分析技术进行冗余判断和处理，将冗余数据进行删除。还需要判断数值数据的协方差，通过协方差的结果对数据进行数据集成处理。

③数据归约。数据归约的主要目的是得到数据的归约表示，使得信息的损失最小。最常用的数据归约策略为：维度归约（利用主成分分析、小波变换等方法将原始数据投射到一个较小的空间）、数据压缩（主要包括重构压缩和有损压缩）、数量归约（用替代的、较小的数据替换原始数据）。

(2) 互联网金融风险评价模型构建。互联网金融风险评价模型的设计阶段要确定输入节点数、输出节点数、网络隐含层的个数和隐含层神经元数量。如果问题比较简单，则选用一个隐含层即可，如果问题比较复杂，则需要选用多个隐含层才能较好地达到训练和学习效果。但是也需要注意网络过大和过小的问题，网络过大则推广能力下降，网络太小则模型的拟合度不太好。

①输入层节点个数和输出层节点个数的确定。由于输入节点的个数选择对神经网络的准确性有较大影响，因此，输入节点个数的选择前人已经做了大量的研究，主要运用：试凑法、公式法、正交变换法等方法。

$$a = \sqrt{a + b + m}$$

## 4 互联网金融风险识别、量化与扩散模式研究

$$a = \log_2 b$$
$$a = \sqrt{bc}$$

其中，$a$ 为隐含层节点数，$b$ 为输入层节点数，$c$ 输出层节点数，$m$ 为 1~10 间的常数。本文结合公式法、试凑法两种方法，选取输入节点数等于训练样本的矢量维数。输出层的节点数的选择依据逼近函数输出空间的维数。

②神经网络层数的确定。神经网络结构中除了输入层和输出层，还可以添加若干隐含层。隐含层数量的确定方法之前有很多学者进行了研究，其中赫克特·尼尔森曾经提出至少一个隐含层和一个输入层的网络可以逼近任何有理函数。并且只要隐含层的个数足够多的话就可以逼近有限区域的任意精度的任意连续函数，但是，随着隐含层的增多，网络也会越发复杂，因此，一般都会选用经典的三层 BP 神经网络。

③隐含层节点的确定。隐含层节点一般会选用遗传算法、粒子群优化算法等优化算法进行确定，除了节点，还可以利用优化算法对 BP 神经网络的权值和阈值进行优化。

在这里，选用 BP 神经网络的三层经典网络结构，选用如表 4-1 所示的互联网金融风险评价指标体系，利用熵权法将二级指标进行加权求得每个一级指标的得分情况，然后将一级指标作为 BP 神经网络的输入节点，输入节点为风险的级别，将风险级别设置为三级，分别为高风险、中等风险和低风险。隐含层的节点的个数根据上述公式得出范围为 2~8，经过多次仿真实验，得出结论，隐含层节点的个数为 6。

将用户基本信息、用户资产、用户贷款情况、第三方数据作为模型的输入，将互联网金融信用风险作为输出，通过神经网络的训练和学习获得互联网金融风险评价模型，并将一部分数据进行模型的验证，证明模型的正确性。接下来，可以将新的数据带入模型中，来预测该用户信用风险的级别，为互联网金融的产品投放做出参考，一定程度上可以降低互联网金融的风险程度。

# 5 我国互联网金融安全的典型问题与风险分析

## 5.1 我国互联网金融安全问题

互联网金融作为新生事物,发挥了传统金融机构不可替代的积极作用,同时提升了金融服务的质量,对我国深化金融改革,促进金融创新发展,扩大金融业对内外开放,构建多层次金融体系有重大意义。但当前我国互联网金融风险隐患较多且游离于金融监管体系外,存在着较为严重的安全问题。

1. 政治安全

互联网金融企业的市场准入门槛较低,缺乏事前和事中监管,行业存在大量以互联网金融形式,实际却是"民间借贷网络化"的传统金融业务,这些本质上是监管套利,而不是金融创新。由于互联网金融的产品和服务具有普惠性和网络外部性,一旦发生风险,在互联网广泛性和传播性的效应下,经过链条式风险传导,影响范围将会更加广泛,在缺乏相应防范措施的情况下,金融机构和监管部门也很难控制局面,极易造成一定范围内的社会动荡和政治不安。

2. 经济安全

在互联网金融迅速发展的过程中,由于缺乏监管,影子银行等问题比较严重,容易引发系统性风险。

3. 社会安全

例如近几年的一些案件涉及面非常广,金额也是巨大,无法实现全部追回,极易诱发受害民众爆发社会群发性事件,危害社会安定。

4. 信息安全

由于木马病毒等恶意程序的侵入,导致网络交易安全事故频繁发生,存在较高的道德风险和安全隐患。

## 5.2 我国互联网金融风险分析

### 一、互联网金融风险产生的原因分析

互联网金融风险归根结底还是互联网风险与金融风险的结合,我国目前的金融监管体系本身就存在着较多的不完善之处,随着我国互联网金融交易操作实务不断充实和丰富,对其的监管也会不断完善。但在目前的条件下,互联网金融行业欺诈客户、提供劣质产品、卷款逃跑等现象屡见不鲜,容易诱发互联网金融风险。

具体来说,互联网金融的风险主要有七大类,分别是信用风险、系统风险、信息风险、法律风险、货币政策风险、期限错配风险和最后贷款人风险。其中信用风险是

## 5 我国互联网金融安全的典型问题与风险分析

互联网金融风险与传统金融风险都具有的,且情况类似。而法律风险、系统风险、最后贷款人风险和货币政策风险是互联网金融与传统金融业所不同的。

这些风险大致可以总结为市场环境带来的风险和法律法规滞后所带来的风险,这也是当前中国互联网金融行业发展所面临的现实困境,了解风险并及时规避风险能有助于互联网金融行业的健康发展,对于互联网金融风险产生的原因可以归纳为以下两个方面。

(1) 互联网金融在我国尚处于起步阶段,缺乏较为丰富的实践经验是我国互联网金融风险较多的现实基础。以 P2P 网贷为例,由于准入门槛较低并且缺乏有效监管,不法分子可以较轻易地从事非法集资,非法吸收大众存款并进行信用诈骗。一些互联网金融企业和金融机构合作,创新网络信用消费渠道,但是其面临的风险却极大,例如阿里巴巴与中信银行合作推出的互联网虚拟信用卡。虚拟信用卡虽然是中信银行签发,但是消费者的信用记录完全是基于其网上消费记录,而互联网企业却不会按照严格的银行业业务标准来审核用户信用,在这种不对称信息之下,极易发生恶意透支,信用欺诈等行为。虚拟信用卡突破了传统银行签发的信用卡的模式,但是却缺乏有效的监管和信用审核,一旦发生资不偿债的行为,那么相关银行就会面临着信用违约和法律风险。

(2) 我国关于互联网金融行业的法律法规存在着明显的不足是造成互联网金融风险较为多发的根本原因。我国的监管机构虽然及时出台了一系列的监管条例,例如原银监会在 2011 年出台了《关于人人贷有关风险提示的通知》,中国人民银行在 2014 年出台了《手机支付业务发展指导意见》,国务院办公厅 2016 年出台《互联网金融专项整治实施方案》等,但是上升至法律法规层面的制度不多,没有法律的明确规定和对消费者权益的保护,自然会造成互联网金融风险的多发。

总之,互联网金融风险产生的原因分析归根结底还是我国互联网金融缺乏丰富的实践经验和法律漏洞所造成的,近期以来国家公布的"互联网+"战略,既是对我国互联网金融发展取得成绩的肯定,也为互联网金融等电子商务领域的发展制定了发展计划和纲要,减少互联网金融风险对实体经济的影响,进一步发挥互联网金融的优势,促进我国经济的发展是我国当前互联网金融工作的核心。

### 二、基本风险模式的比较分析

本部分将重点介绍互联网金融的七种风险模式,从这七种互联网金融风险面临的风险因素来进行分析的话,大致可以认为,最后贷款人风险、法律风险、货币政策风险属于法律风险的范畴;信用风险和期限错配风险属于业务风险的范畴;信息风险和系统风险可以认为是属于技术风险的范畴。法律风险和业务风险属于外延性风险类型,而技术风险则属于内敛性风险类型。对于互联网金融基本风险模式的比较分析主要包括以下四个方面。

(1) 法律风险、货币政策风险属于法律层面的风险,我们应该清楚的一点是一个国家市场上流通的通货及货币供应量的多少不是随意发行和决定的,市场上流通的货币量是由中央银行根据市场上商品的价值并经过一系列科学合理的计算所得出，根据中国人民银行和各互联网金融机构统计数据，截至2019年，我国互联网移动支付市场发展的情况详见表5-1。

表5-1 中国互联网移动支付市场发展情况

单位：万亿元

| 年份 | 2013年 | 2014年 | 2015年 | 2016年 | 2017年 | 2018年 | 2019年 |
| --- | --- | --- | --- | --- | --- | --- | --- |
| 交易额 | 9.64 | 22.59 | 108.22 | 157.55 | 202.93 | 277.39 | 347.11 |
| 增长率（%） | 317.56 | 134.30 | 379.06 | 45.59 | 28.80 | 36.69 | 25.15 |

如表5-1所示，中国互联网移动支付的市场规模较大，特别是在2015年之前经历了较长时间的高速发展时期，2015年的增幅更是达到了379.06%。虽然在2016年和2017年增速回归两位数，但也是市场逐步发展成熟的正常反映，而且绝对值上面也是在2017年突破两百万亿，达到了202.93万亿元的交易规模。

（2）信用风险和期限错配风险属于业务层面风险。信用风险是在互联网金融市场上比较常见的风险类型，信用风险的广泛存在是受我国目前客观发展现状的制约，即法律法规的空白和行业准则的缺失。期限错配风险是一种比较常见的流动性风险，常常是由于投资者混淆了短期和长期投资行为，将短期负债或资产抵押长期投资所诱发的一种风险行为，期限错配风险在经验较缺乏和不懂理财的投资者身上十分常见，这也就是所谓的期限错配风险。

（3）互联网金融还会不可避免地面临最后贷款人风险，即商业银行一旦面临信用违约风险，最后也会得到中央银行的支持，而互联网金融企业在面临相同困境时，却得不到中央银行的支持，直接面临破产倒闭并进而引发一系列的恶性社会事件。法律风险是指我国立法程序的复杂和立法的滞后性，加之互联网金融这一新型金融体系还处于起步发展阶段，不可避免地存在法律风险。

（4）信息风险和系统风险可以认为是属于技术层面风险。信息风险是互联网金融市场上十分重要而常见的一种风险类型，互联网金融市场往往是卖方市场，柠檬市场也普遍存在，卖方即互联网金融企业故意隐瞒金融产品信息，投资者却不得而知，因此存在着信息不对称风险。系统性风险是指由于互联网金融高度依赖于终端计算机和移动通信软硬件设备的配置，因此互联网金融不可避免的具备较高的系统性风险。系统性技术风险具体可细分为金融欺诈风险、系统性的传染风险、互联网瘫痪风险、交易安全风险等四大类，了解系统性技术风险有助于我们研究和发现应对之策。

总之，若从这七种互联网金融风险面临的风险特征来进行分析的话，信用风险具有超强传染性的特点；期限错配风险和最后贷款人风险具有较强的虚拟性特点；信息风险、法律风险和货币政策风险具有较强的时效性特征；系统风险则体现出了互联网金融风险的复杂性特点。根据各种风险的特点进行的分析从一个方面有助于我们研究互联网金融风险类型及其特点，从另一个方面来看，各种风险的所具备的特征并不是孤立不相通的，而是有着内在的联系。

即便如此，就互联网金融风险分析的经验研究而言，根据以上的风险分类的研究思路还是值得总结：首先，将互联网金融风险研究建立在金融风险与互联网技术风险的研究之上是有一定意义的，这样控制变量较多，并基于横截面数据进行混合多元回归（Martins and Tiago，2014），因而，结果的稳健性值得思考，对变量进行单位根检验十分重要。其次，对互联网金融风险的分类（Kim and Song，2005），也给后来的研究者进行分析提供了较好的研究基础，7种风险模式的划分有利于进行比较分析，控制变量较少，有利于保障结果的稳定性。最后，国内对互联网金融风险的研究有了较大发展，有从静态说和动态说，产物说和模式说等方面不同的分类研究（兰秋军，2011；罗宁，2014；庄峻2013），他们更加强调人作为参与主体的角色定位上面，他们认为互联网金融的核心是人的行为，而不是一种技术的驱动，因此，应该将对人的参与行为作为对互联网金融风险的监管重点。

# 6 我国互联网金融风险防控体系构建

## 6.1 网络借贷风险防控

监管体系,主要包括监管主体、监管原则和监管内容三部分,具体如下。

**一、监管主体**

中国的 P2P 网络借贷行业尚处于起步阶段,当前并没有明确的监管部门对其进行监管。现阶段中国金融行业实行分业经营、分业监管的监管体系,即"一行两会"的监管体系。中国人民银行依法独自执行货币政策,维护整个金融行业的稳定发展。银保监会负责监管银行业和保险业,证监会负责监管证券业。对于 P2P 网络借贷行业来说,它不同于银行业、证券业和保险业,因此,"两会"并未对 P2P 网络借贷行业进行监管。在无监管的状况下,中国 P2P 网络借贷平台快速增长,风险也逐渐显现,欺诈和跑路的平台越来越多。由此可知,无明确监管主体使得中国 P2P 网络借贷行业未能健康有序发展。因此,当务之急应尽快明确 P2P 网络借贷行业的监管主体。

美国 P2P 网络借贷平台是由美国证券交易委员会(Securities and Exchange Commission,SEC)进行监管,英国 P2P 网络借贷平台的监管部门是金融行为监管局(Financial Conduct Authority,FCA)。然而,与美、英两国 P2P 网络借贷平台不同的是,中国的 P2P 网络借贷存在多种经营模式,同时也产生了特有的经营风险,但它们不属于证券,更多的是民间借贷的互联网化,因此,建议银保监会负责监管 P2P 网络借贷平台。可以借鉴英国的监管模式,在银保监会内部成立一个专门从事 P2P 网络借贷行业监管的服务机构,负责对 P2P 网络借贷平台成立、运营和退出情况进行监管,同时加强对借款人和投资人的保护。这种做法的好处是,不仅可以避免打乱原有的监管体系,还可以节约成本。2015 年 1 月 20 日,原银监会宣布改革监管组织架构,其中新设立银行业普惠金融工作部,将 P2P 网络借贷行业纳入监管,这表明中国 P2P 网络借贷行业的监管主体开始明确,2018 年,银保监会合并,互联网金融各类业态的监管主体进一步明晰。

**二、监管原则**

1. 审慎监管原则

审慎监管通常表现为引入风险管理手段来控制金融机构的风险承受行为,并使风险的外部性行为达到最优水平。对于 P2P 网络借贷平台的风险来说,最重要的是信用风险。而对于 P2P 网络借贷平台信用风险的外部性监管,可借鉴银行业的审慎监管措施。在我国 P2P 网络借贷模式中,部分 P2P 网络借贷平台直接介入借贷链条,或者为借贷交易提供担保,一旦平台破产,借款人和投资者的利益都会受损,还会影响到其他平台的交易,因为其他平台的投资者可能怀疑他们投资的平台也会破产,即产生信用风险的外部性。针对这种风险外部性，可以参考银行业的监管方法，根据风险计提资产损失准备金和资本，以覆盖预期和非预期损失。我国部分P2P网络借贷平台也采取计提风险准备金的方式来保障投资者资金的安全。风险准备金的作用实际上类似于银行计提的资产损失准备金和资本，但目前对于P2P网络借贷平台计提风险准备金的标准并无统一要求，建议借鉴银行业计提资产损失准备金的做法，根据风险确定计提标准。

2. 行为监管原则

行为监管主要是指对P2P网络借贷平台和相关参与者（这里的参与者不包括借款人和投资者，下面将单独列出对两者的监管）行为的监管，监管的主要目的是使P2P网络借贷的运营优化，并使交易更安全、公平和有效。第一，对P2P网络借贷平台的行为监管，需要设置P2P网络借贷平台的准入标准，并监管其股东或管理者的行为。例如，需要对P2P网络借贷平台的股东或管理者进行背景审查，排除有不良记录的股东或管理者。另外，P2P网络借贷平台运营需要具备基本的运营条件和风险管理措施，如IT基础设施、软件系统升级和防止黑客攻击的风险管理体系，以防范网络安全技术风险的发生。第二，对参与P2P网络借贷的第三方机构的行为监管，部分P2P网络借贷平台跟第三方担保机构合作，需要对第三方担保机构的担保资质进行核查，确保其能够为投资者提供有效的担保。另外，我国大部分P2P网络借贷平台的资金托管在第三方支付机构，因此需要对第三方支付机构进行监管，防范P2P网络借贷平台的股东或管理者挪用客户资金、非法集资、诈骗和卷款跑路等风险。

3. 消费者保护原则

消费者保护是指保护消费者在P2P网络借贷交易中的权益。消费者保护与行为监管有紧密联系，行为监管主要针对P2P网络借贷平台和参与借贷交易的第三方机构，消费者保护主要是对参与交易的借贷双方的监管。在英、美两国对P2P网络借贷的监管体系中，消费者保护都是最重要的监管目标之一。P2P网络借贷平台与消费者双方的利益不完全统一，因此，P2P网络借贷平台的发展并不一定能保障消费者的权益。实践中，参与P2P网络借贷的借款人大多不能从银行等传统金融机构获取贷款，因此他们在风险识别方面具有劣势，而P2P网络借贷平台掌握平台产品的内部信息，这就造成消费者和P2P网络借贷平台之间的信息不对称，所以消费者保护问题应引起监管部门的重视。美国P2P网络借贷监管体系中对消费者保护的措施主要有以下几个方面：首先，对于投资者来说，平台应平等对待所有的投资者，并设定投资者的投资上限，降低投资风险；其次，对于借款人来说，平台有义务保护借款人的隐私；最后，平台应注重消费者的教育，培养消费者的风险意识，使其做出合理的投资决策。因此，中国P2P网络借贷平台应加强对消费者权益的保护，保护借款人的隐私，同时加强投资者教育，降低投资风险。

三、监管内容

P2P网络借贷平台不同于传统的金融机构，其经营过程中的风险已在前面进行讨论。各平台也各自建立风险控制体系规避风险,然而,欺诈、跑路的平台却越来越多。一旦平台经营跑路,就会损害大量投资人的利益。因此,针对 P2P 网络平台面临的风险提出相应的监管措施如下:

1. 针对法律风险的监管措施

(1) 针对非法集资风险的监管措施。针对非法集资风险,建议监管部门采用负面清单的形式进行监管,明确规定 P2P 网络借贷平台不得归集资金搞资金池,不得非法吸收公众存款和不得自融资。一旦发现 P2P 网络借贷平台违反以上规定,平台相关的负责人应受到法律的制裁。

(2) 针对合同合法风险的监管措施。针对合同合法风险,建议监管部门要求 P2P 网络借贷平台对借贷双方实行实名认证。P2P 网络借贷平台应登记借贷双方的姓名、性别、工作单位、住所等信息,一旦借贷关系发现问题,实名认证将有助于投资人进行维权,另外,实名认证还能够追溯投资人的个人信息,防止不法分子利用 P2P 网络借贷平台进行洗钱活动。此外,P2P 网络借贷平台的借贷合同均为电子文档,监管部门还应要求借贷双方提供有效的电子签名,以保证合同的真实性和有效性。

2. 针对操作风险的监管措施

(1) 针对系统安全风险的监管措施。针对系统安全风险,建议监管部门要求 P2P 网络借贷平台具备基础的 IT 设施,无论交易系统是自主研发还是从软件提供商购买,都应具备一定的技术条件,以保证交易系统的正常运行,防止不法分子使用简易交易系统实施诈骗。另外,监管部门还应要求 P2P 网络借贷平台定期对交易系统进行升级和维护,采用安全扫描工具和防火墙技术等防止黑客的攻击。

(2) 针对流程风险的监管措施。

第一,针对平台上产品涉及风险的监管措施。

部分平台发布秒标,这类业务本身是为了提高投资者的借贷体验,但如果不限制这类业务,大量发布此类借贷产品,一方面会提高 P2P 网络借贷平台的交易量,这实际为虚假繁荣,进而会误导出借人;另一方面会在很短的时间内迅速吸收大量资金而账户资金不被冻结,导致平台欺诈和跑路风险增加。因此,监管部门应对这类借贷产品的数量加以限制。

第二,针对第三方机构涉及风险的监管措施。

针对第三方担保机构,建议监管部门明确规定 P2P 网络借贷平台自身不能提供担保,而是由第三方进行担保,并且第三方担保机构应具有融资性担保牌照。第三方担保机构还应遵守《中小企业融资担保机构风险管理暂行办法》,严格执行担保责任余额不超过担保机构自身实收资本十倍的规定。一旦 P2P 网络平台选择非融资性担保机构或超过十倍担保杠杆的规定,平台和担保机构的负责人都应受到法律的制裁。

针对第三方支付机构,托管机构一般为银行或第三方支付平台,它们需要经过监管部门的认可,具备资金托管和监督资质。

第三,针对信息披露涉及风险的监管措施。

针对信息披露涉及的风险，建议监管部门要求 P2P 网络借贷平台对以下内容进行披露：①披露 P2P 网络借贷风险的影响因素，包括业务、行业、贷款，监管等因素；②披露平台运营的信息，包括运营模式、贷款转让情况、服务和催收等信息；③披露借款和借款人信息，包括借款金额、利率、期限、服务费、还款方式和借款人的信用评级、学历、收入和工作等信息；④披露平台的交易情况，包括交易数量，交易规模、坏账情况和收益状况等信息；⑤定期披露平台的财务报告，包括季报和年报，披露平台的资产负债表、利润表和现金流量表。除此之外，P2P 网络借贷平台不仅需要对以上信息进行披露，还需对信息进行保存，保障这些信息的安全，防止客户信息丢失或泄漏，造成投资人和借款人的损失。

（3）针对人员风险的监管措施。针对人员风险的监管措施，建议监管部门要求 P2P 网络借贷平台具备完善的内部控制系统，以降低内部人员不按规定审核借款人信息等欺诈行为。同时，还应要求 P2P 网络借贷平台具备完善的风险管理系统，能够识别借款人和投资人提供信息的真伪，防止 P2P 网络借贷平台成为不法分子洗钱的场所。

3. 针对信用风险的监管措施

针对信用风险的监管措施，同样建议监管部门要求 P2P 网络借贷平台具备完善的风险管理系统，能够采用合适的信贷审核技术识别借款人提供信息的真伪，并给予借款人合理的信贷额度。此外，建议监管部门要求平台计提风险准备金，计提标准可参考银行资产资本充足率方面的监管措施，建议要求风险准备金占贷款总额的 4%。一旦借款人违约，可使用风险准备金对投资人进行补偿，降低投资人的损失。

此外，P2P 网络借贷行业的健康发展不仅需要外部监管，还需要行业内部自律。与外部监管相比，行业自律灵活性较高，作用的空间较大。英国 P2P 网络借贷行业的自律组织 P2P 金融协会在这方面做得较好，保证了 P2P 网络借贷行业的规范运营。因此，在完善外部监管的同时，还需重视 P2P 网络借贷的行业自律。自 2013 年以来，各种互联网金融的协会组织纷纷成立，相继出台了自律公约，希望能够通过自律规范这个新兴行业。例如，中国小额信贷联盟和互联网金融专业委员会都出台了相关自律公约。此外，中关村互联网金融协会、上海市网络信贷服务业企业联盟、广州互联网金融协会等一些地方性的行业自律组织也先后成立。但目前来说，中国行业自律组织的建设基础比较薄弱，因此，还需强化行业自律组织的建设，特别应在 P2P 网络借贷行业信息披露和共享机制方面建立行业标准，由行业自律组织和官方机构承担风险警示和道德监督责任，进而促进 P2P 网络借贷行业健康有序的发展。

## 6.2 互联网支付的风险防控

互联网支付的风险防控是一个系统性的问题，在当前互联网支付系统中，参与的主体有：用户、银行、第三方支付厂商、终端硬件生产商、安全软件提供商等。因此，互联网支付系统的风险应对应该是多方协调、共同努力才能完成的。基于此，提出互联网支付的风险防范框架，如图 6-1 所示。

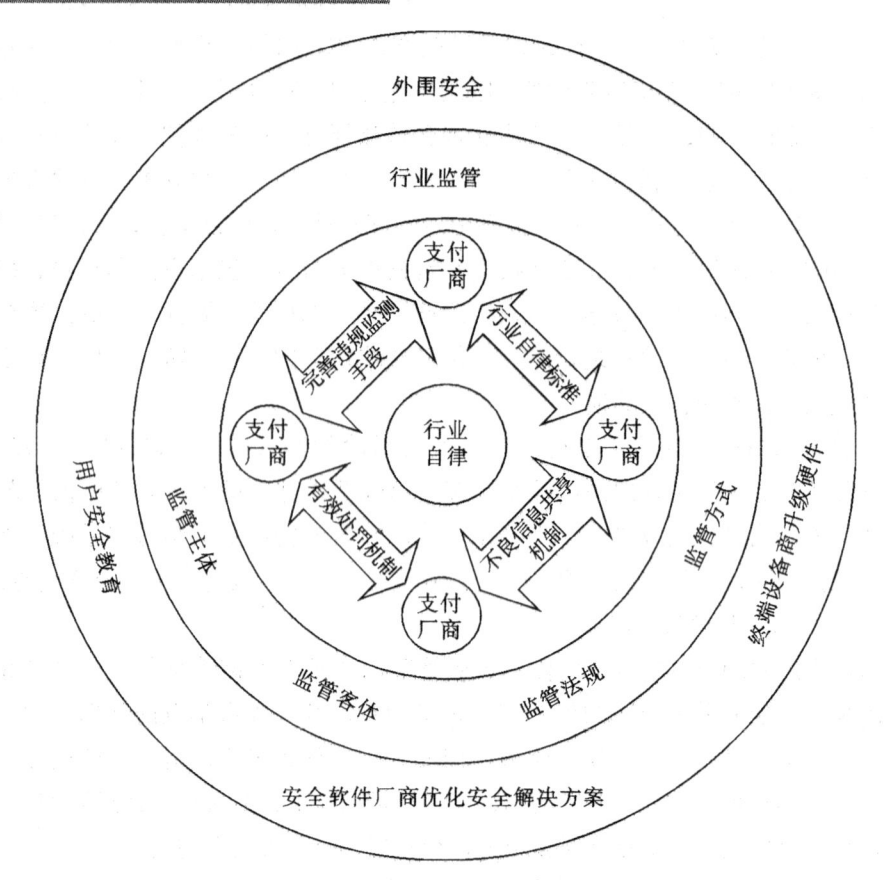

**图 6-1 互联网支付风险防范分析框架**

有效的监管对互联网支付的风险防控起到重要作用,下面对互联网支付的监管方面进行分析并提出相关建议。

**一、互联网支付监管的必要性、目标和原则**

(一) 互联网支付监管的必要性

银行监管理论认为,保护存款人利益、银行倒闭的外部性是政府对银行监管的两个重要原因,这是由于:一方面,存款人在对银行的监管上存在搭便车行为,同时作为个体很难对银行进行有效监管,所以政府监管机构有必要代表存款人对银行进行监管;另一方面,银行倒闭可能引起连锁反应,甚至引发银行体系危机,具有巨大负外部性,因此政府有必要监管银行确保银行体系的稳定。而对于互联网支付,特别是目前发展较为成熟的第三方支付来说,同样存在上述问题。

1. 消费者权益保护

当前在我国互联网支付领域,第三方支付是解决网上支付交易过程中担保交易的重要手段,部分第三方支付平台与交易平台的依附性,决定了用户对某些第三方支付工具选择的必然性。然而,众多分散的用户,根据集体行动的理论(Olson,1965),在监管第三方支付机构的过程中肯定存在着搭便车行为,单纯依靠市场力量无法有效监管第三方支付机构。

2. 互联网支付机构倒闭的外部性

互联网支付中，特别是第三方支付机构，由于其流程的特殊性，决定了在进行某些交易类型过程中，付款和交货必然存在割裂，资金将在第三方支付平台留存成为沉淀资金，在缺乏有效监管的情况下，某些第三方支付平台由于道德风险的存在，可能对该部分资金挪用，当挪用资金到达一定程度无法维持交易时，就会产生平台的流动性风险，进而带来用户的资金损失。当风险进一步增大，即会通过一定的传导路径带来社会对于第三方支付平台的恐慌，放弃使用或产生挤兑风险，进而影响到整个行业或支付体系，而第三方支付平台倒闭造成的社会总成本将超过私人成本。基于此，政府有必要监管第三方支付，确保整个行业以及支付体系的稳定性。

（二）互联网支付的监管目标

确定互联网支付监管的目标关系到互联网支付行业监管政策导向，互联网支付作为一种基础金融活动，其监管目标的确立，有必要借鉴参考当前银行监管、金融监管的目标来确定。

1. 当前银行监管目标研究

对于银行监管目标，学术史上曾经出现过基于新古典经济学的传统银行监管目标论认为，银行监管的主要目标是保护公共利益和维护银行体系的安全与稳定。当前，国内多名学者也对银行监管的目标进行了深入的研究，而中间目标应该是维持一个健全有效的银行体系，具体目标中应包括，维护公众对银行系统的信心，保护金融消费者利益。杨忠君（2011）基于《新巴塞尔协议》为背景的分析认为，当前我国银行监管应当更加注重系统稳定性目标的实现。而中国银保监会提出的四个具体监管目标包括：保护广大存款人和消费者利益；增进市场信息；增进对风险的识别；维护金融稳定。

而关于中国支付体系发展（2011 - 2015）的指导意见中指出，我国支付清算体系确立的是"安全"和"高效"的监管目标。

2. 互联网支付监管目标

对于我国互联网支付行业来说，第三方支付、移动支付是基于商业银行支付服务之上提供的更加个性化的支付服务。相对于基础性的国家支付系统提供的支付清算服务来说，互联网支付所提供的服务创新性、变化性更大，其最终目的是为互联网交易和传统领域交易提供安全高效的支付服务。因此，确立互联网支付监管目标如下：

（1）维护互联网支付行业的安全稳定。这是互联网支付监管的首要目标，只有维护支付行业的安全稳定，才能尽可能减少互联网支付行业的外部性，减少其对基础银行支付体系、国家支付体系的影响，才能有效保护消费者的权益。

（2）保护消费者权益。互联网支付服务的根本任务是为互联网经济和实体经济交易提供支持。交易者在使用的过程中，如果支付利益受到损害，到达一定程度，必然会引发对互联网支付行业的信任危机，以及整个行业的系统性风险，并且有可能涉及更低层的银行支付系统和国家支付系统。

（3）促进互联网支付的创新发展。相对于银行支付服务来说，互联网支付服务位于整个支付体系的最外层,其随着互联网技术发展,也处于不断的变革之中,往往出现突破法规监管的情况。因此,监管政策应当适度考虑互联网支付的内在创新性,在保证安全和权益的情况下,最优化地促进互联网支付的创新。

(三) 互联网支付的监管原则

确定互联网支付的监管原则,有助于依据监管目标确定具体的监管政策。研究表明,有效的监管体系应当是对市场机制的补充而不是替代,而最优的银行监管体系应该模仿完善市场的机制,支持市场的监督、约束和治理机制,同时给银行提供正确的激励。因此,对于互联网支付行业来说,应坚持以下原则。

1. 坚持安全与效率并重原则

确保互联网支付系统的安全是首要考虑,应确保系统业务处理稳定可靠,防止系统漏洞、故障等因素带来服务中断。同时,要注重效率,在保障安全的情况下,监管层应当鼓励互联网支付服务提供商采取新兴互联网技术、通信技术开辟新的支付模式,提高支付效率,从而降低整个社会的交易成本。

2. 坚持创新和规范兼顾原则

就我国目前互联网支付的发展,特别是第三方支付行业,走了一条先发展后规范的路,如果没有无监管时代的野蛮生长式进步,也不会有今天我国互联网支付发展的迅速。因此,在进入法律规范之后,应当允许互联网支付模式的不断创新,从而为虚拟经济和实体经济交易服务。

3. 坚持公平竞争和全面发展的原则

互联网支付作为支付服务提供的后起之秀,在个性化支付服务方面走在了传统银行金融机构前面,特别是2013年以来互联网金融的大发展,第三方支付逐渐从支付领域向金融其他领域跨界发展,从线上向线下扩展市场,这带来了与传统银行金融机构的直接正面交锋。而原有金融机构的垄断性地位有可能对整个互联网支付市场的公平竞争带来极大危害。因此,监管层应当充分规范新兴互联网支付服务提供商与传统金融机构之间的竞争,采取市场化的手段解决竞争,从而最大化的促进全面发展。

4. 坚持统一准入和分类监管的原则

互联网支付行业采取准入制是当前世界范围内普遍采取的措施,这样有助于从市场入口开始规范发展。然而,对于我国互联网支付来说,不同的服务商之间提供的服务差异较大,提供主体存在着上市公司与非上市公司。因此,应将有限的监管资源用于更需要监管的业务上来。基于此,对互联网支付业务要以业务特点进行有效分类,对于风险较大的业务进行重点监管,而对于风险较小的业务进行非重点监管,在这一过程中,有效的分类指标体系是不可或缺的。

二、互联网支付有效监管的组织框架

可以借鉴美国和欧盟的监管模式,结合中国经济、社会的特点,在现有监管框架的基础上,形成以中国人民银行主导监管、商业银行辅助监管、行业协会自律监管、社会舆论补充监管的模式,营造有效的监管环境。

1. 发挥中央银行的监管主导地位

中国人民银行是支付体系的组织者和监管者。第三方支付服务机构属于支付体系的一部分，因此要突出中国人民银行作为第三方支付服务组织主要监管者的地位。中国人民银行对第三方支付机构在资本金、市场准入、交易方式、经营行为等方面实施监督管理，以规避第三方支付机构在从事支付业务时可能造成的各种风险。按照相关法律法规，中国人民银行及其分支机构有权依法对第三方支付机构进行定期或不定期的现场和非现场检查，有权对因第三方支付机构困难而损害服务对象合法权益或可能危及支付市场正常秩序的违法违规行为进行行政处罚。在监管过程中，中国人民银行要从以下几个方面入手。

一是要加强支付机构支付业务准入管理。支付机构支付业务监管工作重点应从准入审批调整为支付机构日常业务合规经营与风险防控。中国人民银行应适度把握审批节奏，择优审批，支持盈利前景好、规范意识强、对社会公益事业有益的增量机构业务申请。从严控制"预付卡发行与受理"新增机构，适度控制"银行卡收单"新增机构，适度支持"网络支付"新增机构，鼓励资质好、实力强的机构通过对已获许可机构兼并重组的方式进入支付服务市场；引导已获许可机构向精细化管理发展，促进存量市场资源优化、整合。

二是要建立支付机构从业人员资质审核制度。应尽快出台《支付机构高级管理人员管理办法》及《支付机构从业人员资格管理办法》等制度，以对支付机构高级管理人员任职资格、基本行为准则、监督管理、违规责任，以及支付机构从业人员的资格取得与注册登记、监督管理等进行规范。对于支付业务存在重大安全隐患、发生支付清算资金案件、频繁发生支付清算纠纷和举报等情况的支付机构，应组织相关高管人员重新参加考试，考试不合格的，应建议支付机构总公司取消其高管人员任职资格。

三是要重视支付机构变更事项监管工作。中国人民银行作为支付机构监管主体，应高度重视支付机构变更事项监督管理工作，认真、严格落实各项工作要求，抑制非法、非正常变更，防范支付机构通过变更故意规避监管、转让或变相转让、租借"支付业务许可证"等违规行为。

四是要进一步推进非现场监管，提高客户备付金监管效率。

五是要加强现场监管力度，净化支付服务市场环境。应按照属地管理原则，对辖内已获许可及已备案机构适时开展支付业务执法检查，促进支付机构业务合规开展，严肃市场纪律，同时，各监管主体间应加强沟通，规范跨省份支付机构支付业务，防止支付机构寻找监管的"真空地带"，扰乱支付服务市场秩序。

六是要加强支付机构退出管理。针对支付机构申请终止支付业务的，应严格审查支付机构提交的公司法定代表人签署的书面申请、公司营业执照（副本）复印件、"支付业务许可证"复印件、客户合法权益保障方案、支付业务信息处理方案等资料。针对部分机构在尚未取得支付业务许可的情况下，仍在"正常"经营的，一方面应积极引导尚未取得"支付业务许可证"的机构合理评估支付服务市场利润空间，防止"跟风"情况发生；另一方面对依旧无照经营的机构进行清理，杜绝"先违规再审批""先突破再倒逼"等行为，避免造成不良效应。

2. 发挥商业银行的辅助监管作用

无论是在传统的支付业务中，还是在有第三方支付机构参与的支付链条中，商业银行都是支付清算过程中必不可少的重要参与者，为第三方支付资金的流动提供服务。发挥商业银行的协作监管作用，有助于中国人民银行取得更好的监管效果。例如，备付金存管银行和备付金合作银行的引入，可以实现对第三方支付机构客户备付金的全面监管，促进社会资金的更安全流转。

备付金银行应加快支付机构备付金监管系统建设。一是必须保证备付金银行能够监测客户备付金流向。备付金银行在监测备付金流出时，应当能够确认某笔资金的接收方是否确实为支付机构的特约商户，这一点可以通过备付金监管系统设置白名单实现，即支付机构需及时将其与特约商户所签署的合作协议向备付金银行报备，备付金银行根据合作协议将特约商户的名称、账号、手续费返点率及结算周期等信息录入备付金监管系统中，即可根据备付金系统中的白名单来判断资金流向是否正确。同样的道理，支付机构可以将支付机构用于结转特约商户手续费及备付金利息的自有资金账户、其他可办理支取业务的备付金专用存款账户及以非活期存款形式存放客户备付金的银行账户信息录入备付金监管系统中。如发现支付机构划转资金流向不包含在备付金监管系统的白名单中，备付金银行即可断定支付机构挪用客户备付金。二是保证备付金银行能够监测客户备付金流量。备付金银行在监测备付金流出时，应当能够确认流向某家特约商户的资金是否为当期应划转额。这一点可以通过连接备付金监管系统与支付机构核心系统实现。系统的连接能够确保备付金监管系统通过支付机构核心系统获取当期某家特约商户的交易明细，再结合备付金监管系统白名单中该家特约商户的手续费返点率及结算周期，即可完成备付金监管系统与支付机构核心系统划转资金量的自动比对，从而防止支付机构通过特约商户达到转移备付金的目的。

3. 发挥自律监管的作用

支付机构自律组织要制定自律原则，实现自我约束和自我监督，发挥防患于未然的作用，通过自检和互检，促进本行业的可持续发展。自律组织要与监管部门密切合作，督促自律组织成员贯彻实施法律规范。自律组织有权对违反自律规则和法律法规的机构予以处罚。

目前国内最主要几家的第三方支付服务组织应该考虑共同发起倡议，并形成一个可以操作的行业自律协议或公告，向社会公示表明自己规范经营的态度，以充分得到社会的理解和认同，让消费者放心消费，让商家合法经营。

4. 舆论监督

在相关法律、法规、条例、办法正式出台之前，舆论监督也是促进第三方支付服务组织规范发展的有效机制。应充分发挥舆论尤其是在互联网上信息公示的作用，在不泄露客户隐私和公司机密的前提下将一些公众最关心和担忧的信息尽可能地公开，并定期在网上发布。网上出现的由媒体、商家和消费者自发形成的网上监督管理的各种形式，能做到随时抽查，不定期公示，强化信息透明的公开作用，起到舆论监督的威慑效果，是使第三方支付服务组织自律得到不断增强的有效机制，以利于第三方支付产业的健康发展。第三方支付服务组织应充分予以理解，并给予配合和支持，而不应加以阻挠和进行不必要的干预。

### 三、互联网支付有效监管的主要方面

1. 市场准入监管

实施准入监管，将第三方支付机构的数量保持在一个相对合理的水平上，拒绝不符合法律法规的申请者，能够为第三方支付稳健经营提供保障，提高行业的效率；借鉴美国和欧盟的经验，制定第三方支付的最低资本金要求和资质要求。确定第三方支付机构的经营范围、性质和权限，使风险管理能力低、有挪用资金嫌疑或经营不善的第三方支付服务机构退出市场，有利于行业的自我更新和发展，避免内部出现恶性竞争。

2. 客户资金监管

一是对第三方支付服务组织设立保证金制度。根据第三方支付服务组织的资本金实力、业务规模、风险管理能力和业务运行情况，从自有资金中提取一定比例的保证金，作为滞留在第三方支付服务组织资金的保障，一旦该第三方支付服务组织出现资金问题，保证金可以用来降低客户的损失。二是第三方支付服务组织按照中国人民银行规定的结算资金备付金上缴比例，从客户滞留资金中向中国人民银行提交足额的客户结算备付金，建立健全客户结算资金的备付金上缴保证制度。三是建立自有资金与客户结算资金分离制度，客户结算资金需存储在商业银行专户中，单独设账。这种制度有利于统计客户结算资金和第三方支付的业务情况，也便于对第三方支付服务组织进行监督管理，这种制度必须明确规定，第三方支付服务组织作为客户资金托管人，无权擅自将客户资金挪作公司经营之用，或在公司破产时将客户资金用于债务清偿。

3. 强化支付机构公司治理，向银行合规性靠拢

一是建立健全公司法人治理组织架构。支付机构应按照《中华人民共和国公司法》和公司治理相关法规、政策的要求，建立包括股东会、董事会、监事会和高级管理层在内的组织架构，完善公司治理结构。

二是加强对控股股东行为的约束。支付机构的公司治理应当体现支付机构独立运作的原则，支付机构在法律、行政法规、监管机构的规定及自律组织规则允许的范围内，依法独立开展业务。自主决策，不受他人干预。支付机构的股东应当尊重支付机构的独立性。

三是禁止支付机构与关联方从事不正当关联交易和支付机构不得为股东、实际控制人、董事、监事、高级管理人员等提供融资、担保及进行不正当关联交易。支付机构在审议重大关联交易事项时，应聘请中介机构就重大关联交易的公允性和合法性出具意见。

四是追究恶意股东责任。针对支付机构可能发生股东抽逃或者变相抽逃出资、以关联方交易等形式占有或者转移公司资产，然后利用支付机构有限责任公司的性质，申请公司破产，以逃避债务，危害机构安全经营的违法行为，应采用公司法人人格否认制度。根据《中华人民共和国公司法》相关规定，"公司股东滥用公司法人独立地位和股东有限责任，逃避债务，严重损害公司债权人利益的，应当对公司债务承担连带责任"。

### 4. 防止洗钱

　　第一，要做好客户身份识别与持续关注。一是要建立有效的初次识别措施。从实践中看，完善、有效的客户身份识别措施，不仅可以有效防止客户账户被非法客户利用作为洗钱渠道，同时也有利于有关部门后期调查以掌握真实、完整的客户信息。在实际操作中，第三方支付机构在初次识别客户时要加大对客户信息真实性的审核力度，综合运用技术手段、信息回访等方式尽可能采取措施做到面对面审核。二是要开展客户身份持续识别。鉴于第三方支付机构初审客户真实性存在的现实难度，对客户持续识别就显得尤为重要。第三方支付机构应持续关注客户身份，尽可能多地获得客户（特别是特约商户）身份背景信息，如关注其出售商品是否与营业执照上的经营范围相符，营业额是否远远高于同类商户，等。三是要建立同名账户绑定操作。鉴于第三方支付业务的特殊性，身份识别工作可依托银行机构进行，如规定客户与第三方支付虚拟账户绑定的银行结算账户必须是本人账户，同时规定取消交易时资金必须返回至原账户，这样可有效避免非实名开户，同时规避利用取消交易等操作转移资金。四是要实行客户分类监管。第三方支付机构应建立客户风险等级划分制度，按照客户所处地域和行业、从事的业务、身份等特点和交易特征，制定客户风险等级划分标准，评定客户风险等级。根据风险等级高低进行分类监管，可有效减少对正常客户身份识别及资金监测的压力。

　　第二，注重开展可疑交易报告与分析。第三方支付机构上报的可疑交易是发现通过第三方支付机构清洗非法资金线索的主要来源，由于第三方支付机构业务存在的差异性，各支付机构需要根据自身客户特征和交易特点，自行制定和完善符合本机构业务特点的可疑交易标准，但以下三种业务模式值得第三方支付机构进行重点关注。一是要关注通过银行账户向支付机构账户的充值。该业务的可疑关注点主要是，充值资金是用于消费，还是用于转账提款；充值资金额度、频次是否有违正常交易；充值金额是否可疑；是否存在多笔充值、一笔提款等可疑操作；是否存在长期闲置账户的短期大量充值；账户所有人及相关人员身份是否存在可疑；等等。二是要关注通过非银行账户的互联网支付。该项业务的可疑关注点主要是，付款方是否有意购买易变现产品，且付款金额存在可疑迹象；付款方是否存在撤销交易或退款，之后账户提现的行为；收款方是否存在与其经营业务不符的交易行为，如非正常经营时间、非合理商品金额、非合理的营业额等。三是要关注通过银行账户的互联网支付，该项业务的可疑关注点主要是，付款方是否有意购买易变现产品，且金额存在可疑迹象；付款方是否存在可疑的消费行为,如短期内同一网络之间互连的协议(Internet protocol,IP)大量交易等;收款方是否存在与其经营业务不符的交易行为,如非正常经营时间、非合理商品金额、非合理的营业额等。

第三,增强反洗钱意识,加强对业务人员的管理培训。一是内部约束。第三方支付机构要深刻认识到反洗钱工作的重要性,要站在机构做大做强、品牌建立和长远发展的战略角度看待反洗钱工作。从思想上提高重视程度,建立相应的考核激励机制;在业务上加大内部反洗钱专业知识培训力度,培育企业各层级工作人员的反洗钱意识,提高业务能力,推动反洗钱工作系统化开展。二是外部监管。《支付机构反洗钱和反恐怖融资管理办法》的出台为中央银行对支付机构开展反洗钱监管提供了依据。中国人民银行要加大对第三方支付机构反洗钱工作的监管力度,对存量遗留问题要提出限期整改要求,适时开展反洗钱现场检查,做到指导和处罚相结合,增强监管的有效性和威慑力。同时,第三方支付业务发展迅速,中国人民银行作为监管部门要与时俱进,对监管要求和规则做到不断完善。

5. 加强消费者保护机制

第三方支付机构掌握着大量客户信息,包括客户的隐私和商业数据,因此要加强对客户信息的保护。可考虑建立消费者举报机制。在支付交易过程中,消费者最先了解到支付机构侵害客户支付便利权益、客户个人信息安全权益及客户资金安全权益等违法行为,且对于市场中部分未获许可仍开展业务的非法机构,消费者也可以从支付交易过程中掌握相关信息。因此,建立消费者举报机制,引导消费者充分利用举报权利,积极举报非法机构的违法行为,让非法机构及其违法交易行为无处藏身,这对于督促支付机构遵守行业规范,树立行业良好形象,自觉接受社会各界的监督,促进第三方支付行业持续健康发展,具有重要意义。

## 6.3 众筹的风险防控

作为互联网金融创新的主要模式之一,股权众筹一直受到政府金融监管部门的关注。早在2014年3月初,"一行两会"就对互联网金融的监管责任做了明确分工,其中,股权众筹由证监会负责监管。

2015年4月中旬,全国人民代表大会财经委员会推出了直接融资行业的根本性大法《中华人民共和国证券法》的修订草案,就股权众筹等金融创新模式的法律地位进行明确。2016年以来,为进一步规范行业发展,监管部门出台的多个指导意见中均有涉及众筹的内容,如证监会公布的《股权众筹风险专项整治工作实施方案》中,明确提到将"平台和房地产开发企业、房地产中介机构以'股权众筹'名义从事非法集资活动"作为整治重点。《网络借贷信息中介机构业务活动管理暂行办法》在第十条"网络借贷信息中介机构不得从事或者接受委托从事下列活动"中规定,网络借贷信息中介机构不得从事或接受委托从事股权众筹业务。根据股权众筹的监管现状及风险特点,提出以下监管建议。

1. 监管原则

（1）底线思维原则。股权众筹平台应当坚守法律底线，可以先在影响范围较小的私募众筹领域进行试点，一方面为平台积累运营经验，另一方面也为政府部门提供监管经验，更重要的是培育具有一定规模的股权众筹市场。只有在市场成熟度较高、法律法规制度健全、金融基础设施完善的情况下，才能逐步放开公募众筹。在此之前，平台应当清晰地认识到自身的发展定位，尊重市场需求，不可盲从教科书，也不应盲从海外市场经验。具体来说，底线思维原则主要体现在三方面：一是不能设立资金池，避免道德风险；二是保证信息真实披露，避免欺诈风险；三是严格控制投资额度，避免投资者过度损失。

（2）适度监管原则。各国金融监管部门对金融创新的立法监管过程往往采取实践先行的模式，即在充分的实践经验积累基础上，由理论界进行讨论思辨，寻找金融创新的本质属性，形成立法监管的基本理念；而创新实践也对理论演进具有反馈作用，由此形成双向的反馈效应。只有经过理论与实践的积累，监管部门才能确立正确的监管理念和法律框架，进而在此基础上构建具体的监管政策。

尽管当前股权众筹发展呈现出无序和盲目的发展倾向，存在较多潜在风险因素，但作为一个新生事物，股权众筹具有一定的正能量，未来发展潜力巨大。所以，从监管角度来说，应该给其留出一定的试错空间，要适度监管，不能过严而抑制股权众筹的发展，当然也不能出现监管缺失的情况。

（3）创新监管原则。现有的金融法律法规和监管手段的有效规制对象往往是传统金融产品；而以P2P、众筹为代表的互联网金融创新模式，正在使资本市场变得越来越复杂，对现行的金融监管框架提出了挑战。传统的监管模式已不适用于互联网金融领域。理论经济学认为，金融创新与金融监管之间是相互制约、相互促进的辩证关系；引申到互联网金融同样如此，股权众筹等金融创新模式的出现，虽然造成了短期内金融监管的困难，但这也是监管创新的契机。

（4）负面清单原则。股权众筹负面清单监管是指金融监管部门通过法律法规或部门规章，明确规定股权众筹市场主体的准入条件及禁止行为、众筹平台的业务红线；对符合准入条件的主体及清单之外的业务领域，允许自由进入且无须获得金融监管部门事前批准，即"法无禁止则可为"。

股权众筹融资作为我国互联网金融创新的重要形式，实施系统的金融监管虽然对其规范化发展有利，但同时也制约了进一步创新。因此，对股权众筹融资的监管，需防止出现"一放就乱，一管就死"的弊端。在这样的情况下，实施负面清单形式的适度有效监管就显得尤为必要，它既关注了可能出现的风险因素，也为处于初期的金融创新预留了发展空间。

负面清单作为金融市场准入的重要监管方式，在各国金融服务业发展进程中越来越常见。负面清单规定了股权众筹融资的准入条件和禁止行为，明确了监管权力与市场权利的边界范围，充分体现了依法监管的管理理念。其不仅是资本市场准入管理的创新形式,也是深化金融监管体制改革的重要抓手。负面清单一方面有利于释放市场活力,推动基于市场需求的金融创新,加快我国股权众筹融资的实质性发展;另一方面有助于提升金融监管效率,进一步推动政府职能向服务型转变,促使市场发挥对资源配置的决定性作用。

2. 监管内容

要对股权众筹融资平台实施有效的金融监管,就必须针对每一项具体风险做出全面、系统的措施安排(见表6-2)。

表6-2 不同风险类别监管措施

| 风险类别 | 风险生成 | 监管措施 |
| --- | --- | --- |
| 道德风险 | 平台审核不严 | 平台准入条件,从业人员备案项目审核标准,信息披露规范 |
| | 平台自我融资 | 禁止行为清单 |
| 欺诈风险 | 平台与项目方串谋 | 第三方资金托管,项目审核标准信息披露规范 |
| | 领投人与项目方串谋 | 第三方资金托管、领投人备案项目审核标准、信息披露规范 |
| | 承诺收益及无效保证 | 项目审核标准、信息披露规范 |
| 操作风险 | IT系统安全无保障 | 平台准入条件 |
| | 人才储备不足 | 平台准入条件 |
| | 产品设计缺陷 | 流程公开透明 |
| 退出渠道风险 | 投资难以退出 | 统一数据接口、全国公共服务平台 |
| 法律风险 | 非法发行证券 | 投资者适当性审核 |
| | 非法集资 | 投资者适当性审核 |

(1) 平台及其人员的准入监管。股权众筹每一个环节都需要平台发挥基础性支撑作用,只有设置一定的门槛要求,才能保证其自律管理的基本能力。准入监管主要包括平台资质、人员背景、运营条件三方面。

(2) 适度的信息披露监管。信息披露制度是股权众筹投资者保护的基石。

(3) 平台的负面行为清单。负面清单规定了股权众筹平台的禁止行为和业务红线,体现了金融监管的底线思维和红线意识。从我国现行的法律法规来看,平台的负面清单主要包括三方面:首先,禁止平台自我融资或为关联方融资,其主要针对道德风险。其次,禁止为股权性投资承诺本金保障、最低收益,或以任何形式提供投资担保。再次,禁止对投资者进行诱劝,或从旁侧伪装成第三方实施诱劝。最后,禁止平台设立资金池,或向超过法律限定数量的投资人募集资金,其主要针对平台的法律风险。

(4) 合格投资者划分标准。通常,不同投资者的金融知识水平、历史投资经验及自身财务状况具有显著差异,其在面对高风险股权投资时的风险识别能力与风险承受能力也有所不同,因此,有必要对投资者进行分类,达到控制投资者损失、稳定金融市场的目的。

股权众筹投资者可以分为两类,即一般投资者和专业投资者。有丰富私募股权投资/风险投资(private equity/venture capital,PE/VC)从业经验,或在证券机构从业的投资者属于专业投资者,经监管备案许可后,可以作为股权众筹项目领投人。其他自然人投资者在经过股权众筹认识能力测评和风险承受能力测评后，依照其经济实力、投资经历被划分为一般投资者，可作为股权众筹项目的跟投人。对两类投资者分别制定不同的限额标准。

对于投资者划分的标准，需要在投资者风险承受能力与融资者实际融资需求之间进行权衡。具体来看，投资者风险承受能力应当以个人年收入或金融资产净值为基本依据、以历史投资损益为附加依据进行综合判断。

一是确定投资者的基本分类依据。年收入低于12万元的属于低级投资者，年收入为12万~50万元的属于中级投资者，年收入在50万元以上的属于高级投资者；分别对三个级别的投资者设定股权众筹投资的最高额度，如低级投资者每年投入的资金不能超过其收入的10%，中级投资者每年投入的资金不超过其收入的15%，高级投资者每年投入的资金不超过其收入的20%，三类投资者各年累计投资的资金总额不超过50万元。

二是确定投资者的附加分类依据。股权众筹投资风险极高，需要在长期积累投资经验。若投资者上一年度的股权众筹投资盈利，则本年度的最高额度可向上增加一定比例；若投资者上一年度股权众筹投资亏损，则本年度的最高额度必须下调。

## 6.4 互联网理财的风险防控

大众财富管理需求的大规模爆发，直接考验的是互联网理财平台的风险防范能力，与自控体系相对健全的传统金融机构相比，对于内控体系不完善，产品设计单一化，资金运作能力和风险防范能力有限的互联网金融机构而言，形成了严峻的挑战。因此，互联网金融机构能否对相关风险的识别和防范，建立风险防范与自控的"防火墙"，是关键所在。"防火墙"的建立要考虑"双向控制"功能，一方面防范外部风险对企业经营行为的传递和影响；另一方面要尽可能切断企业自身风险向行业乃至金融市场和金融生态环境的扩散。

**一、实施业务分离机制**

1. 业务分部门管理

随着大数据金融的不断发展，除互联网理财以外，互联网机构会涉足第三方支付、P2P、众筹等多种业务板块。随着金融改革和金融市场的不断完善，企业的自营能力和代客管理能力将不断增强，与中小银行、券商、保险等传统金融机构的竞争能力也在加强，经营范围不断扩大，经营牌照逐渐增多。这种情况下，可以借鉴传统金融机构的成功经验，将不同类业务化属为不同部门，以加强企业内部不同业务的风险分离，防范资金挪用等违规操作行为。

2. 前后台职能区分

互联网机构传统业务在于电商或是网络服务，金融业务相关的内部控制体系显然并不健全。在内控体系建设方面，要借鉴传统金融机构，实现前台部门与后台部门的职能分离。前台与后台业务分开，有助于后台对前台业务进行及时的核实和审查，以防止未经授权的交易行为,确保内部欺诈风险的最小化。

**二、建立有效的风险监控体系**

1. 建立内部交易实时监测系统

互联网理财模式下,产品的申购、赎回业务进出极为频繁,账户繁多,资金的投向和监控更为复杂,对资金、信息的准确、及时处理能力要求极高,任何一个环节出现问题,都可能给互联网理财平台和理财用户带来巨大的损失。为此,互联网机构应立足于由小至大的不同层级的全面风险监控体系,利用网络信息技术实行有效监控和预警制度,确保将风险的发生控制在最小范围。

2. 建立外部风险识别防御体系

网络信息安全问题是互联网机构从事金融业务需要共同面对和解决的问题。余额宝、理财通等"宝"类产品的案例体现出,管理万亿资产和过亿账户的信息安全,对于任何一个机构而言都是严峻的挑战。随着互联网理财的不断创新,对互联网机构内部信息技术部门的要求更高,建立有效的防控体系,保证系统瘫痪时不造成信息的遗失、系统延迟而产生的损失,以及因信息拥堵等各种原因造成的交易失败和客户财产损失等问题,是互联网机构建立外部风险识别和防御体系需要重点破解的管理和技术难题。

**三、加强对投资者的风险提示**

如果将互联网理财比作是股市投资,个人投资者更像是散户,投资知识的不足是首当其冲的风险,资金规模的限制以及信息获取能力的不足进一步削弱了个人投资者风险抵抗能力,加剧了投资损失对其的不利影响。

因此,互联网理财平台首先要按照《证券投资基金销售管理办法》的相关规定,就理财产品如实向投资者揭示风险,避免投资者形成货币市场基金永不亏损的错误预期。其次要如实披露理财产品的头寸分布信息,如包括证券品种、发行人、交易对手、金额、期限、评级等维度,以及资金的申购、赎回信息。

互联网理财有助于更好地释放大众的财富管理需求,促进实现普惠金融。鉴于此,金融监管总体上应当体现包容性、及时性,坚持鼓励和规范并重、培育和防险并举,以守住不发生系统性风险为前提,构建包括行业自律、司法干预和外部监管在内的"三位一体"的安全网,维护金融体系稳健运行。

**四、加强监管部门的分工协作**

1. 实施协同监管

我国金融市场现行采取分业监管模式,第三方支付由中国人民银行监管,互联网基金理财由证券监督管理委员会监管。然而,互联网企业多为跨界经营,开展互联网理财业务的企业多涉及支付领域,各项业务之间存在大量关联性交易。此外,在金融产品的网络销售中,银行理财产品、证券投资产品、货币基金、保险产品、信托产品完全可以通过一个平台实现,因此,实施各部门的协同监管有助于消除监管真空。

余额宝就是一个跨机构和跨功能监管的典型案例:支付宝是由中国人民银行监管

的支付机构;天弘增利宝基金是由证券监督管理委员会监管的货币基金产品,两者撮合形成了互联网销售新模式;而余额宝的资金投向为银行保险监督管理委员会监管的银行协议存款。

2. 重点面向资金

互联网理财的特点是资金规模大、流动性强,风险的产生往往来源于资金的流动环节,规模的不断增加放大了风险。因此,监管的重心应针对资金,包括资金账户的安全、资金的期限错配、大规模集中赎回等。考虑引入资本充足率、客户备付金等考核指标,提前预判、识别和化解资金运作风险,在确保盈利的同时,将流动性风险降到最低。

流动性属于资金监管的核心之一。互联网理财平台要明确理财产品所满足的平均期限、评级和投资集中度等方面的限制条件,确保有充足的储备来应付压力情景下投资者的大额赎回。

### 五、构建"负面清单"式的法规体系

1. 首期实施"负面清单"

互联网理财有助于更好地释放大众的财富管理需求,促进实现普惠金融。对于这种金融业态,过早的、过严的监管会抑制创新,不利于金融效率的整体提高。因此,对互联网理财的监管应遵循的原则是鼓励创新、规范发展。互联网理财产品存在较大的发展盲目性,可借鉴的国外经验较为有限,而且国内的金融市场与监管体系尚不十分成熟,监管的确具有较大的现实困难。

监管部门对互联网理财的发展应体现一定的包容性,考虑借鉴上海自由贸易区的监管方式,采用"负面清单"的方式,对欺诈等典型的违法违规金融行为重点监管,加大违法成本。对于清单之外的金融行为,动态跟踪和分析,视情况进行动态监管。

2. 逐步完善法律法规

互联网理财的发展和创新处于动态之中,因此要结合其发展,在防范重大风险尤其是在系统性风险的前提下,逐步出台监管条款,避免过度监管,及时完善相关的法律法规体系。

### 六、引入风险准备金制度

1. 风险准备金的功能

风险准备金是指期货交易所从自己收取的会员交易手续费中提取一定比例的资金,作为确保交易所担保履约的备付金的制度。风险准备金的功能主要是为了应对一些极端情况,例如,基金公司提前支取定期存款而遭受损失,最终由基金公司自有资金进行赔偿,赔偿费用由风险准备金偿付。

2. 建立风险准备金制度的意义

低门槛、高收益、高流动性的互联网理财产品在大规模吸引资金流入的同时,也造成互联网金融的风险快速集聚。

借鉴央行对传统货币基金的管理模式,引入和实施风险准备金制度一定程度上可

以降低流动性风险以及由此带来的投资损失。

风险准备金制度是一种备付制度。因此，为防范和控制金融风险，货币基金等互联网理财平台也应考虑参照货币市场基金实施存款准备金管理。

### 七、实施动态监管

#### 1. 定期评估互联网理财的发展状况与风险水平

根据互联网理财的发展动态、影响程度和风险水平，尤其是互联网理财产品的创新，监管部门应当定期评估不同互联网金融平台和产品对经济社会的影响程度和风险水平。

#### 2. 加快建设和运用社会征信体系

推进互联网理财产品的统计监测和社会信用体系建设等有关基础性工作。

## 6.5 互联网保险的风险防控

随着保险公司业务和组织结构日益复杂化，保险公司开始运用内部控制的方式来进行风险管理。保险公司通过内部控制的方式来进行风险管理首先是可能源于监管部门的要求。与此同时，保险公司出于自身成本收益的考虑也存在从内部进行风险管理的驱动力。

互联网保险与传统保险在参与主体上主要增加了交易平台机构。因此，在考察风险内部控制时也将互联网保险平台纳入其中。

### 一、互联网保险风险的内部控制定位

#### 1. 内部控制的属性

保险公司和平台在从事互联网保险活动所进行的内部控制，一方面缘于监管部门的合规性要求；另一方面出于自身成本收益的考虑。从金融监管治理的角度来看，由于监管部门和保险公司彼此之间存在不同的目标，所以保险公司要满足监管部门对于内部控制的相关要求必须建立起激励相容的相关机制。在这种情况下，符合保险公司自身利益的内部控制要求被实际执行的可能性更大。在实践过程中，保险公司往往难以执行那些不符合其利益的内部控制要求。而许多互联网保险平台本身受保险监管部门管制的程度较低，纯粹出于合规性要求而进行的内部控制活动将更难被执行。所以，互联网保险风险的内部控制更多是出于自身成本收益的考察。

#### 2. 内部控制作用的有效范畴

互联网保险公司和平台对风险内部控制的有效性取决于两方面因素：一是技术上的可行性；二是经济上的可行性。

（1）技术上的可行性。技术上的可行性是决定风险内部控制有效性的前提条件。当相应的技术条件并不具备的时候，就难以通过内部控制的方式来缓释风险。如对于中小型保险公司而言，由于积累的数据量有限，独自难以建立起有效的反欺诈模型来识别高风险信息。与此同时，目前行业还未建立起共享数据库，所以对于中小型保险公司而言难以用反欺诈模型来识别客户风险。

（2）经济上的可行性。经济上的可行性是决定风险内部控制有效性更重要的因素。保险公司和平台会根据成本—收益原则来确定其内容控制的强度。如对于信息安全风险而言，采用更高等级的防御"黑客"攻击的信息系统，保证数据安全，在技术上是可行的。但是该项信息基础设施本身面临更高的固定成本支出，而其回报可能难以抵消相应的支出。特别是对于中小保险公司而言，由于销售规模有限，导致固定成本支出摊销更大，难以进行弥补。因此，对于互联网保险公司或平台而言会根据自身业务规模考虑信息安全的适度性。总体而言，互联网保险平台由于规模效应更加明显，所以更有可能采用安全等级更高的信息系统。

**二、互联网保险风险的内部控制手段**

1. 保险产品设计

目前，对于互联网保险业务而言，内部风险控制手段更多体现在产品设计方面。通过产品类型的选择、产品定价机制以及合约条款的设置，已自动实现对特定风险的规避。

（1）产品类型的选择。产品类型的选择实际上成为当前互联网保险产品风险内部控制的最主要手段。目前，市场主流的互联网保险产品具有价值较低、购买频次较高的特征。在购买频次较高的情况下，投保人和保险公司之间具有无限次博弈的性质。根据博弈论可知，无限次博弈情况下均衡为合作解。因此，投保人发生欺诈行为的可能性更小。另外，即便投保人发生逆向选择行为，由于产品价值较低也使保险公司面临的损失较小。

（2）产品定价机制。保险产品的定价是以概率论和大数法则为基础的。所以，保险产品的定价合理性严重依赖于历史数据的积累。由于历史数据还不够充分，许多会影响定价合理性的因素可能无法纳入定价模型之中。这些因素可能会影响投保人从事欺诈行为的可能。随着历史数据的积累，保险公司通过将其引入定价模型之中，完善定价机制，从而有效控制风险。

（3）合约条款的设定。通过合约条款的设定也是互联网保险风险内部控制的重要手段。以互联网保险理财产品为例。为防止投资人出现流动性风险，合约一般会设定较高的赎回成本。投资人出于成本—收益的考虑将大大降低赎回的可能性，进而降低了保险公司的流动性风险。

2. 信息技术

互联网保险风险控制依赖于信息技术作为其物质基础。具体来看，利用信息技术可以帮助保险公司或平台对信息安全风险和欺诈风险进行控制。

防止信息安全风险发生需要保证后台数据库安全、数据传输安全。在保证数据安全方面需要进行信息系统测评，达到相应的安全防护标准，防止外部入侵；在数据传输安全方面，通过结合数字证书等安全认证机制和传输加密机制来保障数据传输安全。与此同时，建立数据容灾备份机制来强化信息安全防护。

防止欺诈风险利用以大数据为代表的新型信息技术。基于大数据的欺诈风险控制技术包括欺诈分析技术、可视化关联分析技术。前者是将数学和统计模型用于反欺诈保险领域。通过数据挖掘的方式来识别索赔人的行为方式,开发索赔评级系统来确认索赔是否存在欺诈成分。后者是通过图形图像等视觉手段来构建、传达和表示复杂统计数据关联,提高反欺诈效率。目前,中国人寿利用大数据技术已经建立了多因子反欺诈模型用于高风险识别。

3. 公司治理

保险公司经营互联网保险业务存在着诸多委托代理关系,影响着保险公司既定预期风控目标的实现程度。代理人员出于自身利益的考虑,可能出现损害公司利益的行为发生,如倒卖客户信息、协助客户伪造信息等。在此,保险公司需要通过治理结构的安排来解决委托代理关系中存在的风险。大体来看,可以有两种解决路径:一是加强对代理人的监督;二是建立起激励相容的治理机制。

从加强代理人监督方面来看,设立独立的风险内部控制部门并由其确认业务操作流程。保持风险内部控制部门的独立性可以防止其受到前台业务部门的影响,做出符合既定风控要求的决策。而风险内控部门通过制定业务操作流程可以发现关键的风险节点,并形成有效的控制策略。

从建立激励相容的治理机制来看,关键在于形成合理的报酬结构。Goodhart (1996) 认为金融机构管理人员之所以不遵守既定的风控流程,可能就在于其薪酬体系不尽合理。特别是,当报酬结构使得承担风险更有利于个人利益、管理人员风险偏好度较高时,更是如此。因此,保险公司在建立薪酬体系时,需要将风险因素纳入其中。

三、互联网保险监管建议

伴随着互联网保险发展和风险事件的发生,互联网保险监管的需求大大增加。下面将就未来互联网保险监管的理念、原则和模式进行讨论。

(一) 互联网保险的监管理念

1. 包容性监管

包容性监管是指对互联网进行监管的过程中,通过正式和非正式的制度安排,营造行使公共监管权力、制定和执行监管政策所依赖的良好制度环境和运行机制,以实现对互联网金融的有效治理、整合和协调的持续互动过程。其特点在于:第一,注重监管的社会控制与影响效果;第二,以改善其福利为目标,将更多群体纳入正规保险体系。

包容性监管理念可以充分反映互联网保险的本质。互联网保险发展出了适合更多满足市场需求的产品和销售方式,改善了市场总体效率,让更多的群体参与到保险活动之中,分享到保险活动带来的福利。包容性监管通过建立一个持续互动监管过程,让监管层能够更多了解互联网保险参与主体的诉求。在通过综合考虑各方利益诉求的情况下,监管层再出台相应的监管法规。这种持续沟通和互动的过程能够保证政策出台的效果,进而为互联网保险发展创造一个更加公平和良好的环境,保证更多群体参与到互联网保险中。

2. 包容性监管的具体内容

（1）适度监管。适度监管是指监管部门需要在金融创新与金融监管之间寻求最优平衡点。互联网保险产品和商业模式创新，一方面会推进保险领域的民主化，实现保险的普惠性；另一方面由于创新活动的不确定性也会引发诸多风险。而金融监管需要仔细分析不同互联网保险活动的成本和收益，采用不同的监管态度和措施。与此同时，金融监管本身也存在成本，也需要确定监管的边界。

（2）柔性监管。柔性监管与传统的刚性监管是相对应的。柔性监管尽管在理解上存在一定差异，但是，如下几层核心意思相同：第一，强调在市场机制作用的基础上执行监管活动。第二，强调被监管者的参与性和自主性，通过平等协商、自愿监督等途径实现政府监管由外生监管向内生监管转变。第三，监管方式更加灵活，即通过窗口指导、激励、征询意见等形式，引导被监管者主动进行自我约束，进而实现监管的效用最大化。

（二）互联网保险的监管原则

国际保险监管协会（IAIS）的相关内容为互联网保险的监管框架原则提供了参照系。总体来看，互联网保险监管包括如下几个方面：

1. 一致性原则

一致性原则是指互联网保险活动与传统线下活动采用基本一致的原则。互联网作为一个新的媒介并不改变保险活动的本质。更重要的是，一致性原则可以有效地防止监管套利。互联网保险由于属于新兴事务，监管领域存在许多模糊地带，成为监管套利的重要渠道。因此，在监管活动中需要坚持一致性原则，防止市场参与者由于线上和线下之间的差异进行套利。

2. 透明度原则

欺诈风险是互联网保险监管活动的重要对象。而造成欺诈风险的原因在于保险领域的信息不对称。透明度原则主要是保证互联网保险交易各方拥有对等的地位，实现交易过程的公平性。而遵循透明度原则的实施途径就是信息披露。互联网保险的信息披露原则要求，除了传统的真实性、充分性和准确性之外，基于互联网信息表达形式和方式的变化，需要增加易获取性和通俗性。互联网提供了超链接等新的信息联结方式，增加了信息获取的难度。因此，互联网保险过程的信息披露还需要遵循易获取性原则。

3. 信息化原则

信息化原则是基于互联网保险活动技术特征而设立的。因此，互联网监管活动也同样需要利用信息手段对互联网保险业务实施监管，也必须强化信息技术标准，借助信息化手段来保障保险业务交易的安全性和公平性，提高监管的有效性。

4. 合作原则

合作原则是基于互联网保险活动的复杂性和跨区域性而建立的。互联网保险活动的开放性，使得活动范围可能超越了既定地域的限制。与此同时，由于信息的可分享性，使得监管活动能够开展各种层次的合作，更大程度地共享信息资源，实现信息的规模效应。合作性原则涉及不同区域的保险机构以及其他监管部门参与到当地保险机构的监管活动中。就合作方式而言，信息交流需要成为最基本也最为重要的合作方式。各监管部门之间应该通过网络建立起通畅的交流机制，以实现在协商一致的条件下共同完成相应的监管活动。

（三）互联网保险的监管模式

1. 互联网保险的监管模式选择

国际保险监管模式正在经历从行为监管向偿付能力监管转变。那么，互联网保险监管活动是否也以需要逐渐转变成以偿付能力监管为主呢？在此需要强调的是，对于互联网保险监管核心的讨论将集中于针对互联网保险活动的特别监管而非一般性质监管之上。那么，从这个意义上来讲，互联网保险监管的核心不应该是偿付能力，而是保险行为。

保险活动面临的最大风险就是偿付风险。而偿付风险源于两个方面：一是保险公司自身的资金实力；二是保险精算精确度。针对前者的监管措施主要在于资本充足率、风险准备金计提等；而针对后者的监管措施主要是通过保险费率和精算过程备案与登记。而互联网保险活动并不会影响上述两方面的监管活动。

首先，互联网保险活动不会影响保险公司的资金。互联网保险仅仅是改变保险活动的媒介。保险公司在从事互联网活动时，只需按照一般性监管的要求计算相应的资本金并进行风险计提即可。对于互联网理财型保险产品的偿付风险即可纳入这一框架。

其次，互联网保险活动不会影响保险公司精算准确度。互联网保险活动将会增加保险产品种类、数量和渠道，而对精算精确度影响较小。精算过程主要是以大数法则为基础。而互联网保险活动并不会改变这些风险发生的概率，进而对其精算过程影响较小。相反，随着大数据等信息技术手段的引入，互联网保险活动还让精算过程的准确性进一步提高。因此，互联网保险活动只需将一般性的费率监管应用于互联网领域。目前，互联网微信平台中存在一些保险额随人数而免费增加的产品，导致保费率变动的情形发生。而保费费率的变动是否会对保险公司偿付能力产生影响，则取决于两个因素：一是是否增加保险公司的偿付能力；二是该产品保费收入占总体保费收入的比例。一方面，该产品的销售渠道为微信平台，其销售渠道有限，保费收入也不会太多；另一方面，该产品规定了可承保人数的上限，从而确定保险公司支出的上限。只要在上限极值处能够满足偿付能力即可。在具体监管活动中，监管部门只需要把保险费率的变化列入监管和登记范围即可。

2. 行为监管模式下的主要监管内容

（1）第三方交易平台监管。第三方交易平台在互联网保险销售中的地位是不可替代的。之所以出现这种局面，源于互联网平台具有的如下优势：第一，客户对交易平台的认可程度较高；第二，交易平台的独立性较高；第三，保险产品的消费习惯。所以，第三方交易平台特别是电商平台在互联网保险行业已经开始占据重要地位。与此同时，当这些第三方交易平台成为主流销售渠道，并积累大量交易数据之后，其重要性将渗透到保险活动的其他环节。因此，监管方面应当将第三方平台从事保险活动时的商业行为视为监管重点。而从目前我国监管法律来看，监管重点仍然在保险公司，尚未将第三方交易平台纳入监管之中。例如《关于加强保险公司中介渠道业务管理的通知》中第三条规定，保险公司应当"对合作机构的违法行为承担责任"。此条规定似乎是希望通过监管保险公司来监督合作机构。但这种方法是不可行的：一是保险公司本身并无动力从事此种监管活动；二是随着第三方交易平台渠道功能日益强化，保险公司在互联网保险领域与其势力对比将显弱势，保险公司难以承担监督第三方交易平台的责任。因此，法律将直接赋予第三方平台法律责任，将其纳入监管范畴之中。但与此同时，为了避免过度监管，对于第三方交易平台的监管采用"基线法则"，即设定其监管活动的最底线责任。底线之上的相关义务可以列出，不做强制要求。

（2）市场准入。对于市场准入方面的监管包含两个方面的内容：一是保险经营机构的准入；二是保险产品的准入。后者可以沿用传统保险监管的思路，明确保险产品开发的边界和定价原则。在产品开发边界方面，要求互联网保险产品依然需要保险属性，不能具有投机和博彩性质。在定价原则上，要求其以大数法则为基础，坚持公平原则。

在保险经营机构的准入方面，首先，要确定哪些保险活动需要通过监管公司的许可。可借鉴美国监管的经验确立对保险商业活动及各项具体活动的认定标准。在此基础上，政府将满足认定标准的互联网保险活动纳入保险监管之中。其次，监管活动需要设定从事互联网保险经营活动的资质条件，具体包括资本金、公司治理和内部控制情况，以及信息系统情况。其中，资本金反映经营机构的资金实力和信用程度。而良好的公司治理和内控制度以及信息系统情况，可以保证公司具备持续经营的能力以及良好的风险控制能力。

（3）信息披露与欺诈行为。欺诈是保险活动的常见问题，也是互联网保险监管活动需要重点应对的问题。而从监管角度来看，应对欺诈活动最重要的措施就是建立信息披露制度。前面分析已经指出了互联网保险活动的信息披露原则。与此同时，互联网保险活动信息披露过程还需关注以下三个问题：一是信息披露的法律责任主体；二是信息披露的内容；三是信息披露的形式。下面分别进行说明：由于以第三方保险交易平台为代表的网络机构加入，使得信息披露法律责任主体的问题变得复杂。第三方保险交易平台的信息披露主体为保险经营商，而信息披露物理地点为第三方交易平台。这种物理地点所属主体与信息披露主体的不一致性，导致信息披露的责任主体确认存在模糊。当第三方交易平台成为监管对象之后，其也应该履行一定的披露责任。根据"基线原则"，第三方交易平台需通过提供最为基本的保险信息，具体内容可包括：第一，有关经营者的信息，便于消费者与保险公司的联系和确认信息；第二，商品或服务的信息；第三，保险合约条款。与此同时，为了方便消费者了解更多信息，可以通过比较醒目的方式告知消费者其产品详细信息链接官网。

在互联网保险信息披露的过程中，更为关键的是信息披露形式问题。在传统保险活动中,对于信息披露的监管主要侧重于内容,对披露形式的监管较少。而互联网活动在信息表达和交流过程中诸多特征使得对于披露形式的监管势在必行。

在具体操作过程中,监管部门需要设定信息披露的技术标准,如对字体大小、颜色以及特定表达方式的限定等。这些标准的设定需要满足信息披露的五大原则:真实性、充分性、准确性、易获取性和通俗性。与此同时,对于某些重要信息,如风险提示类信息,需通过技术手段实现强制性阅读的目的——对这些信息必须要求点击阅读,并且该信息页面必须停留一段时间,其时间长度必须能够满足普通知识水平的投保人按照平均阅读时间阅读完毕免责信息。

## 6.6 网络银行的风险防控

### 一、构建适应网络银行经营特点的监管框架的设想

我国目前的银行监管框架尚不能完全适用于网络银行,需通过修订完善现有监管框架,从传统银行监管框架出发实现向网络银行的延伸监管。

1. "三大支柱"适用于网络银行,但需对线上和线下业务设置差异化监管指标

根据《新巴塞尔协议》,银行监管的"三大支柱"包括最低资本要求、外部监管和市场约束,需要根据网络银行的经营和风险特征,修订三大支柱的监管指标和监管程序,针对银行所开展业务的"线上"和"线下"特征,实行差异化监管。

(1)第一大支柱——最低资本充足率。最低资本充足率要求是银行监管的重点,是保证银行稳健经营、安全运行的核心指标,其主要目的是覆盖信用风险、市场风险及操作风险的非预期损失。

第一,信用风险。对网络银行而言,如果用内部评级法计量信用风险,则与传统银行一样,但需要计提逆周期资本缓冲,以覆盖在系统性风险冲击下小额、分散贷款违约相关性陡然上升的冲击。如果在初期,网络银行缺乏历史违约数据,则需要用标准法计量信用风险,此时由于银行业务定位、风险管理能力不同,其信用风险差异较大,考虑到线上业务基础数据的可靠性及贷后管理的难度,需要设置比传统线下贷款更高的风险权重。

第二,市场风险。市场风险可以依据市场的历史价格波动进行风险计量,在这方面,网络银行和传统银行在计量市场风险所适用的风险模型和监管指标上是一致的。

第三,操作风险。网络银行的操作风险相比传统银行,一方面降低了传统上由人工因素产生的操作风险,但另一方面也产生了新的操作风险,包括对网络信息平台的高度依赖所产生的技术安全风险,以及采用远程渠道的实名认证方法所产生的认证风险。因此,建议对认证风险等新型风险计提1%~2%的资本金,以覆盖这些操作风险可能产生的损失。

(2)第二大支柱——监管部门的监督检查。行业监管部门的监督检查,可有效地发现风险、化解风险。

(3)第三大支柱——市场约束。对网络银行而言,除了受到与传统银行相同的市

场约束外，还要强化信息披露，促进机构依法合规经营。

2. 继续实施分业监管体制，做实金融监管协调机制

网络银行等互联网金融新兴业态的出现，为现行监管体制带来了严峻的挑战。国际上对功能型监管的讨论非常激烈，这种模式依据金融业务的类型划分监管机构，每种业务类型都有对应的监管机构。功能型监管有其自身的优点，但其本身的缺点也是较为明显的。

就中国目前的情况来看，还不具备实施功能监管的条件和能力。而分业监管作为简单的监管体制也有助于提高监管效率，因此中国仍然要坚持实施分业监管体制，同时面对网络银行跨行业、跨市场经营，金融业务交叉越来越多的现象，随着我国网络银行发展步伐的加快，一些实力较强的网络银行在我国金融体系中的作用日益增强，涉及的客户数量持续增加，系统重要性地位将不断提升，应考虑建立相关的系统重要性金融机构的相关识别标准，建议把客户数量作为一项国内系统重要性金融机构识别标准。

3. 建立远程开户的技术标准，小额先试

"面签"问题是制约中国网络银行现阶段发展的难题。从中国近期网络银行的发展实践看，无论是没有物理网点的纯网络银行，还是试图发展远程业务的传统银行，都在尝试应用人脸识别技术来审核用户身份的真实性。例如，微众银行、网商银行都拟采用人脸识别技术进行用户身份认证；近期，中国光大银行也推出了信用卡的人脸识别技术，用于辅助工作人员依靠肉眼识别身份真实性可能存在的失误。

以网商银行的人脸识别技术为例，网商银行与 Face++ 平台合作，开发了创新的人脸识别技术，进行用户身份认证。从人脸识别流程看，用户打开相关手机应用后，需要按照系统随机指示进行相关动作，如张嘴、眨眼、转头等，然后系统对比公安身份证上的照片，判断是否是本人，如果无法识别，则转为人工验证。

从识别的精确度看，人脸识别技术主要基于人脸关键点检测，精确定位面部关键区域位置的生物特征，这些生物特征即便经过化妆和整形也不会轻易改变，因此人脸识别技术可以保持很高的检测准确率。目前，根据网商银行的测试数据，已经达到在94%以上的通过率下万分之一的误检率，在96%以上的通过率下千分之一的误检率，人脸识别技术准确率已超柜面人工识别，未来有望在同等通过率条件下，将误检率再下降一个数量级。

但是，当前人脸识别技术的监管认证标准还没建立，人脸识别的相关认证数据都是由各家网络银行提供，因此监管层对放开远程开户仍然存在顾虑。同时，正因为无法远程开户，网商银行等没有物理网点的新兴网络银行尽管已经正式开业，但仅能开立权限较少的二类账户，需要尽快确立一个远程开户技术认证的试行行业标准，并在实践中不断完善监管要求。

4. 构建合理的流动性监管指标

传统银行的主要融资渠道是客户存款、中央银行再融资和银行间市场融资，而网

络银行限于网点和品牌，存款来源不稳定，相对更多地依赖批发性融资。美国金融危机的教训表明，批发性融资模式加大了银行体系的脆弱性，很多银行都没有预料到融资渠道同时关闭所产生的流动性风险。因此，全面强化流动性风险管理的有效性，将是网络银行今后面临的巨大挑战。与此同时，过去常用的贷存比这一流动性管理指标，对网络银行并不适用，也会严重制约网络银行贷款业务的发展。建议构建合理的流动性监管体系，既加强网络银行的流动性风险管理，也促进网络银行有序开展业务。

**二、对促进网络银行健康发展的建议**

时任国务院副总理马凯在首届互联网大会上指出，互联网是把双刃剑，用得好，它是阿里巴巴的宝库；用不好，它是潘多拉的魔盒。同样，网络银行发展得好，可以更好地发挥金融支持实体经济发展的功能。网络银行本质上仍属于银行，没有改变银行风险隐蔽性、传染性、广泛性和突发性的特点。加强网络银行监管，是促进网络银行健康发展的内在要求。同时，网络银行是新生事物和新兴业态，要制定适度宽松的监管政策，为网络银行创新留下余地和空间，当前和未来一个时期，应按照"依法监管、适度监管、分类监管、协同监管、创新监管"的基本原则，保障消费者的合法权益，维护公平竞争、市场秩序。以此为根本出发点，建立和完善网络银行的监管框架，科学合理界定网络银行的业务边界及准入条件，落实监管责任，促进其健康发展。

一是在监管规则和监管框架的设计上，坚持开放、包容的理念。网络银行是互联网技术与金融服务相结合的创新产物，监管部门应当秉承包容与规范并重的监管思路，既要积极支持和鼓励创新，同时也要防范业务风险。要针对网络银行，尤其是纯网络银行的业务模式特点，修订完善现有监管框架，减少不必要的法律政策障碍，创新监管方法和模式，科学设置监管目标指标，适应网络银行的发展需求。

二是坚持监管规则的公平性，加强风险监管，防止监管套利。无论是传统银行还是网络银行，只要做相同的业务，监管的政策取向、业务规则和标准就应大体一致，不应对不同市场主体的监管标准宽严不一，引发监管套利，但是针对"线上"和"线下"不同业务的特征，可以设置差异化的监管指标。要认识到网络银行并未脱离出传统银行业务的本质，会面临传统银行同样的各种风险，还会面临许多特殊风险。从保护存款人利益和维护金融稳定出发，必须加强对网络银行的监管，加强部门协同形成监管合力，确保其坚守业务底线、合规经营、谨慎经营。

三是建议允许网络银行以非现场方式开立结算账户并办理业务，基于账户风险等级实行差别化认证要求。允许网络银行通过非现场方式为客户开立结算账户并办理业务。在客户身份认证方面，建议参考海外成熟市场的经验，根据账户洗钱风险等级的高低实行差别化认证要求，允许银行在符合监管原则的基础上开展多种实践，包括利用指纹、人脸识别等新型技术，或是引入专业第三方认证机构进行客户身份认证，并在实践中不断完善监管要求。

四是加强对网络银行流动性风险的监测和防范。一些网络银行由于获取零售存款的成本高，将更依赖批发性的融资来源，难免存在一定的脆弱性，需要加强对网络银行流动性风险的监测和防范,及时采用更为科学、合理的流动性监管指标,管理好期限错配的风险。

## 6.7 我国互联网金融风险防控体系构建

### 一、互联网金融监管制度法律化

目前的互联网金融监管还处于探索阶段,互联网金融需要监管已经成为共识,互联网金融监管的方案正在酝酿之中。分类监管体现了功能监管的思想,同时也兼顾机构监管,应该是当前情况下的最优选择。

当一套监管体系依靠规章制度建立起来以后,关键的问题就是执行。执行的力度取决于一系列因素,其中规章制度的效力层次是非常关键的因素。这里说的效力层次是指规章制度在法律法规意义上的效力等级。根据《中华人民共和国立法法》和相关理论,中国的法律法规效力层次从高到低依次为宪法、法律、行政法规、地方性法规和部门法规。效力高的法律法规权威性强,易于执行,但立法过程繁杂,缺乏灵活性,效力低的法律法规正好相反。

互联网金融是新生事物,对于新生事物的监管,有两个思路:一是用传统的法律法规经过拓展进行规范,二是建立新的法律法规进行规范。前者要求原来的法律法规具有较好的伸缩性,能够扩展适用,如果不能,就采用第二种思路。

英美法系的国家(如美国)对于互联网金融的监管,目前基本沿用原有的法律框架,所以互联网金融出现以后,并没有掀起惊涛骇浪。中国则不同,互联网金融出现之后,立即显现出明显的监管空白,全行业基本处于无监管状态,野蛮生长,因而必须通过建立新的监管框架的方式予以解决。

创新是一个经济体的生命力,对于互联网金融这个新事物,监管从哪里起步关系到整个行业的发展。由于互联网金融正处在初级发展阶段,新的商业模式不断涌现,虽然发展速度气势如虹,但其占比还微不足道,也没有出现群体性、系统性风险,因此,以灵活、柔性的监管方式开始,逐步过渡到权威、刚性的监管方式方为上策。

从我国目前的情况看,直接出台法律对互联网金融进行监管的可行性比较小,因为互联网金融涉及的范围非常宽泛,涵盖了几乎所有金融产业,有些业务还具有融合性,牵涉到几个金融产业,同时,既然是互联网金融,有关互联网的技术安全、电子文本法律效力等技术、法律问题也不容回避,对于这样一个全行业、跨界的新业态,在我国当前采取分业监管的体制背景下,一步到位实现法律化存在一定的困难。

基于以上认识,提出互联网金融监管制度法律化的基本思路:从柔性监管、软法治理起步,以政府各部门、各地方的政策性规章为主体,在互联网金融业态趋于稳定的情况下,从规章层面再上升到法律层面。

理解从柔性监管、软法治理的开始,最后演变成硬法管治的思路,首先要明确什么是柔性监管和软法治理(黄震,2014)。政府之手是有形之手,也是刚性之手,市场之手是无形之手,也是柔性之手。由社会柔性之手制定一些行业规则、制定一些行业标准，使其进而形成行业惯例、社会公约，由行业惯例和社会公约进行的监管就是柔性监管，行业惯例和社会公约也是一种立法，叫社会立法，社会层面的立法、地方层面先行先试的立法，是软法，由软法进行的监督管理称为软法治理。在社会和地方层面的监管取得成效以后，就可以将软法硬化、固化，软法也就成了国家立法。

国务院需要形成顶层设计，出台相应的指导意见；政府各部门要将其细化，形成部门法规，顶层设计及其细化所形成的制度体系，是对互联网金融进行监管的主体性文件。

软法和这些主体性文件，在条件成熟的时候上升为国家法律，这就是监管制度的法律化。因此，互联网金融监管制度的法律化是一个渐进的过程和目标，从两条主线展开，一条从软法过渡到硬法，一条是从部门法上升到国家法。

事实上，我国目前的法律并非完全与互联网金融无关，关于互联网金融的监管，有一个原则叫底线监管原则，其中最重要的底线就是不能够触犯目前的法律法规，包括非法吸收公众存款、欺诈等。因此，在研究新的监管制度法律化的路径时候，不要忽略目前既存法律的作用。

在现有法律下，互联网金融监管制度的法律化，还应该存在一个对现有法律的修改和完善的过程。互联网金融的监管当然也要依法监管，这是国家战略在具体部门的体现，提出互联网金融监管制度的法律化建设，正是基于国家战略的考虑。

**二、构建互联网金融监管平台**

互联网金融监管的目标，主要是要控制互联网金融风险，保护互联网金融消费者权益，维护互联网金融的健康发展，进而发挥互联网金融对经济和社会发展的积极作用。

互联网金融是金融领域的新业态，互联网金融没有颠覆金融，但在很多方面颠覆了传统。很多人在对互联网金融进行批评的时候，大谈互联网金融对金融的颠覆，这是方向性逻辑错误。传统的金融机构害怕互联网金融，金融业却可以欢迎互联网金融，金融业因为互联网金融焕发新机，传统的金融机构却可能在互联网金融的洪流中沉没。互联网金融既然没有颠覆金融，这就要求对它的监管仍然按照金融的行业要求进行；互联网金融既然颠覆了传统，这就要求对它的监管要区别于传统，按照新业态设计新的管理模式。

互联网金融对传统的颠覆，主要体现在：参与主体平民化、广泛化，即长尾理论颠覆"二八法则"，精英金融转向普惠金融；大数据在投融资决策中发挥越来越重要的作用，出现了一些完全依赖大数据进行贷款决策的信用贷款，网络流量而不是传统的资产负债表在贷款决策中起决定作用；个人定制金融产品、理财产品的现象越来越多，冲击着传统的标准化产品和营销渠道，网络营销日益重要；面对面的、物理平台的金融服务方式逐步演变成网络交流和虚拟平台服务方式等。互联网技术的运用，带来的不仅仅是渠道的简单更替，还是思维方式的改变、经营理念的改变、商业模式的改变，这种改变在某种程度上看，是全方位的，甚至是革命性的。

这些变化呼唤新的监管方式与之适应。既然这一切变化都源于互联网技术的应用，源于互联网思维的冲击，那么，互联网金融监管方式的转变也就顺理成章了，这一转变就是监管的互联网化，就是以互联网思维的监管对应互联网思维的金融业务，只有这样，才能更好地理解互联网金融，才能更好地贴近互联网金融，最后才能更好地实现监管目标。

基于此，建议在原有分业监管的体制下，在我国构建一个基于互联网的、全方位的跨部门的全国统一监管平台——互联网金融监管平台。

互联网金融监管平台是一个类似政府联合办公的窗口机构，而且是一个基于互联网的开放性窗口，这个窗口将中国人民银行、银保监会、证监会、司法部门等监管部门整合在一起，使其共同办公，以更高的效率实施监管。这个平台至少需要包含以下几个子平台。

1. 互联网金融业务许可公示子平台

金融业是特许行业，任何经营都需要获得特许经营资格，互联网金融也是如此。该平台归集所有注册或者备案的互联网金融经营机构的资料，供社会查询。监管机构还应该增强主动性，在有条件的情况下，对活跃的、没有特许经营证的经营机构和平台、经营业务予以公布。

2. 互联网金融违规公示与风险预警子平台

对违规事件和违规机构进行公示，公布违规事件和机构的统计分析结果，对可能发生风险的领域进行预警。同时，还要对互联网金融的风险点进行识别和评估，建立一套基于风险点的风险评估和风险预警系统；对互联网金融运行机构和平台进行安全性评估，发布安全性排行榜。

3. 互联网金融消费者保护和教育子平台

对金融消费者进行风险培训和教育，提高消费者的风险识别能力，接受消费者的投诉，及时向有关部门转达投诉，为消费者维护自身权益提供通道。研究互联网金融消费者的行为特征，研究消费者投诉分布规律，提供金融消费者保护效率。

4. 互联网金融政策法规子平台

归集所有与互联网金融相关的法律法规和政策，及时公布新政策并进行政策解读。

5. 互联网金融发展与理论研究子平台

介绍互联网金融理论研究的新进展，互联网金融行业发展的新业态，把握互联网金融的发展方向。同时，还要依托研究机构和大学研究力量，利用大数据开展有针对的、专题性理论和实证研究，提升监管理论水平。在大数据时代，商业经营者利用大数据开展精细化产品开发和营销，监管部门可以利用大数据进行精准监管，这尽管只是个设想，但却可以被看成一个大趋势。

互联网金融监管平台是一种以互联网思维监管互联网金融的新尝试，同时又是一个跨部门平台，因此，迫切需要各部门积极配合。各部门要抽调精干人员参与，在资金方面予以扶持，在信息提供方面进行配合，在案件处理方面要及时。

金融监管平台的建立，整合了现有的监管资源，克服了分业监管体制分割监管的不足，填补了各部门的监管空白区，因此有重要的现实意义。

### 三、加强互联网金融消费者权益保护和教育

尽管对于金融消费者的概念还没有一个统一的定义，为方便分析问题，现采用一种宽泛的概念，认为"弱势地位"是定义金融消费者的关键性指标。正是因为"弱势地位"，所以才有保护的必要和现实意义。在互联网金融领域，互联网金融消费者主要是指那些在互联网金融交易中处于"弱势地位"的自然人，具体指 P2P 业务中的贷款人、众筹业务中的投资者、余额宝类产品的购买者等。

金融消费者保护已经引起了各国的高度重视。加强金融消费者保护，不仅可以保障个人的合法权益，而且对于提高金融的服务质量，促进金融安全具有重要的现实意义。

### 四、对互联网金融监管者的监管

事实上，互联网金融也不是完全凭空产生的，它毕竟没有脱离金融的本质，很多现有的法律法规依然可以起到规范作用，关键是有关监管部门是否去认真执行。例如，余额宝实质上就是一种货币市场基金，中国人民银行、证监会早在 2004 年 8 月 16 日就颁布了《货币市场基金管理暂行规定》，在这个规定没有作废以前，余额宝就应该适用这个规定。然而令人意外的事，似乎大部分人都认为余额宝是新生事物，对其口诛笔伐者有之，对其欢呼者有之，证监会和中国人民银行都没有出面将其纳入这个管理规定进行监管。又如，金融业为特许行业，经营特许行业需要经营许可证，可是，中国互联网金融发展在很多领域出现了"三无"现象，无证经营竟然普遍存在。所以，对于中国互联网金融监管空白的现状，一些部门存在不作为的现象，由此产生了一个比较尖锐的问题，即如何监管监管者。

问责制看起来似乎可以解决对监管权力的监管，但是，事实没有这样简单，如果监管制度不合理，对监管者的问责就会起到反作用。问责制可能不仅没有激励监管者恰当地履行职责，相反使其由于害怕而引起不利结果，问责制会抑制监管者果断、及时地做出"相机抉择"，使监管者行为趋于消极保守甚至是不作为。例如，早在 2008 年 8 月，监管者就已知悉冰岛储蓄银行身陷困境，但是直至 2008 年 10 月冰岛储蓄银行破产时，监管者基于维护金融体系稳定才采取行动。随着金融体系的纵向扩展，金融监管机构处于更加宽广及多样的监管空间。在这一趋势下，为防止金融监管可能存在的腐败、低效率、高成本等问题，加强对金融监管权的监督成为必要。随着监管治理的重要性逐渐为业界所认识，国际货币基金组织、世界银行等国际机构加强了对监管治理的研究和评估。借鉴国外金融监管者治理实践，提出以下建议。

1. 依托金融部门稳定性评估计划，完善中国互联网金融监管治理

金融部门评估计划（Financial Sector Assessment Programme，FSAP）是国际货币基金组织和世界银行于 1999 年 5 月联合启动的主要用来评估各国金融体系稳健性（脆弱性）的评估项目，FSAP 评估的广泛性，非常有利于从各个方面提升我国互联网金融监管的治理水平。

## 2. 推出中国互联网金融监管治理指数

对于银行监管治理指数，已经有文献建立了标准，从这个理论出发，可以研究互联网金融机构和平台监管治理指数的可行性和必要性，研究互联网金融监管指数的指标体系和权重，在此基础上，尝试推出中国的互联网金融监管治理指数。

## 3. 形成中国互联网金融监管治理制度体系

从理论研究成果看，建立一个相对独立的、透明的、有操守的、包含问责制的金融治理体系是政策目标。这里又回到了依法治国、依法行政的问题上，对于金融监管治理体系，也要通过法律法规进行规定，制度需要法律化，法律也要进行"再制度化"，只有通过行政法律法规，建立起中国的金融监管治理制度体系，才能起到监管者提高金融监管效率的作用。

# 7　研究结论

综上所述,可以得到以下研究结论:

第一,互联网金融是新兴业态,其不同于金融的互联网,前者是互联网公司参与到金融服务中来,通过互联网金融平台给消费者提供多元化的投资和消费产品及服务,后者仍属于传统的金融业态,仅仅是在提供金融产品和服务的手段和方式上发生了一些变化。根据对互联网金融业态的划分,主要包括六种业态,分别是网络借贷、互联网支付、众筹、互联网理财、互联网保险和网络银行。根据不同业态运营方式和特点的不同,不同模式面临的互联网金融风险也不同。

第二,中国互联网金融面临着较高的风险,这是由中国当前在该领域法律建设的滞后和互联网金融监管体系的不完善所造成的,主要表现为信用风险、法律风险、系统风险、货币政策风险、最后贷款人风险、信息风险和期限错配风险等。这些风险与传统金融机构的风险有所不同,且有可能造成政治、经济、社会、信息等方面的较为严重的安全问题。

第三,大数据挖掘技术能够较好地实现互联网金融风险的识别及评价,并以此建立有效的预警系统,可以加强对互联网金融风险的监管。建立 BP 神经网络模型,将用户基本信息、用户资产、用户贷款情况、第三方数据作为模型的输入,将互联网金融信用风险作为输出,通过神经网络的训练和学习获得互联网金融信用风险评价模型。

第四,根据对中国当前互联网金融监管现状的分析,认为中国当前互联网金融监管的现状是:监管主体较多,责任并不十分明确;监管成效较为显著,总体上服务了实体经济;监管难点和矛盾较为突出,主要表现为一定程度上干扰了国家宏观货币政策、创新与监管力度矛盾突出、发展速度较快但信息安全难以保障。通过对其他国家互联网金融监管方面的了解以及与我国监管方面的比较研究,认为在互联网金融监管方面可以借鉴的国际经验包括:美国和欧盟在网络银行监管的经验;美国、欧盟、英国和日本在网络借贷监管方面的实践经验;美国和欧盟在第三方支付平台监管的实践经验等。

第五,根据对目前我国互联网金融安全问题与风险分析,并结合我国监管现状与美国、欧盟、日本、英国等国家的监管经验,建议我国应按照行政监管与司法监管相一致、信息检测与信息披露相协调、消费者教育与消费者保护相结合、分类监管的监管原则,建立完善的法律法规、跨界混业、交叉监管、原则导向的监管机制。

# 参考文献

[1] FCA, Regulatory Sandbox, Consultation Paper, November 2015.

[2] FSB, Fintech: Describing the Landscape and a Framework for Analysis, March 2016.

[3] IOSCO, Research Report on Financial Technologies (Fintech), February 2017.

[4] MAS, Fintech Regulatory Sandbox Guidelines, Consultation Paper, June 2016.

[5] Lingfen C, Woods D, Curran K, et al. Mobile development environments for electronic finance [J]. International Journal of Electronic Finance, 2010, 4 (2): 99 - 119.

[6] AF Herbst. E - finance: Promises kept, promises unfulfilled, and implications for policy and research. ? - Global? Finance? Journal, 2001.

[7] Coleman, Annelie. Financial advice for farmers : bottom line - finance [J]. Farmer's Weekly, 2016 (16013).

[8] Dandapani K. Electronic finance - recent developments [J]. Managerial Finance, 2017.

[9] Choi E, Lee K. A Study on Improvement of Effectiveness Using Anomaly Analysis rule modification in Electronic Finance Trading [J]. Journal of the Korea Institute of Information Security and Cryptology, 2015, 25 (3): 615 - 625.

[10] Hou, Xiaohui, Gao, Zhixian, Wang, Qing. Internet finance development and banking market discipline: Evidence from China [J]. Journal of Financial Stability, 2016, 22: 88 - 100.

[11] Wu Xiaoqiu. Internet Finance: The Logic of Growth [J]. Finance & Trade Economics, 2015.

[12] An J, Zhao B, Li J, et al. The Internet Finance in China: The Living Space and the Regulations [C] // 2015.

[13] Loubere N. China's internet finance boom and tyrannies of inclusion [J]. China Perspectives, 2017, 2017 (2017/4): 9 - 18.

[14] P. Xie, C. Zou, H. Liu. The fundamentals of? internet finance? and its policy implications in China? - China Economic Journal, 2016 - Taylor & Francis.

[15] J. Wang, Y. Shen, Y. Huang, Evaluating the regulatory scheme for? internet finance? in China: the case of peer - to - peer lending - China Economic Journal, 2016 - Taylor & Francis.

[16] Wang, Jing. From aperture satellite to 'Internet finance': Institutionalization of ICTs in China's financial sector since 1991 [J]. Telecommunications Policy, 2018, 42 (7): 566 - 574.

[17] Altannar Chinchuluun, Panos M. Pardalos. A survey of recent developments in multiobjective optimization [J]. Annals of Operations Research, 2007, 154: 29-50.

[18] Xie Ping, Zou Chuanwei. The Theory of Internet Finance [J]. China Economist, 2013.

[19] WANG Guogang, ZHANG Yang. A Critique of Internet Finance [J]. finance & trade economics, 2015.

[20] Zeng Jianguang. Network Security Risk Perception and Asset Pricing of Internet Finance [J]. economic research journal, 2015.

[21] HONG Juan, CAO Bin, LI Xin. Study on Specific Risk and Regulatory Strategy of Internet Finance [J]. journal of central university of finance & economics, 2014, 1 (9): 42-46.

[22] Lars Hornuf, Armin Schwienbacher. Internet-Based Entrepreneurial Finance: Lessons from Germany: [J]. SAGE PublicationsSage CA: Los Angeles, CA, 2017, 60 (2).

[23] TERRORISM FINANCING AND THE RISK OF INTERNET-BASED PAYMENT SERVICES IN INDONESIA [J]. Counter Terrorist Trends and Analyses, 2017, 9 (2).

[24] Coleman, Annelie. Financial advice for farmers : bottom line-finance [J]. Farmer's Weekly, 2016 (16013).

[25] P Gottschalk, G Dean. A review of organised crime in electronic finance-International Journal of? Electronic Finance, 2009.

[26] Martina E. Greiner &Hui WangBuilding Consumer-to-Consumer Trust in E-Finance Marketplaces: An Empirical Analysis, Pages 105-136 | Published online: 10 Dec 2014.

[27] Wu Jinghua, Fu Rong. An Intelligent Agent System for Borrower's Recommendation in P2P Lending [C] // International Conference on Multimedia Communications. IEEE, 2010.

[28] Stetenfeld B . P2P Lending: Threat or Opportunity [J]. credit union magazine, 2008.

[29] Yoo B J, Jeon S M, Do H M. Information Asymmetry Issues in Online Lending : A Case Study of P2P Lending Site [J]. 2010, 15 (4): 285-301.

[30] Siming Li, Jiaxian Qiu, Zhangxi Lin, 等. Do borrowers make homogeneous decisions in online P2P lending market? An empirical study of PPDai in China [J]. 2011.

[31] Binjie Luo, Zhangxi Lin. A decision tree model for herd behavior and empirical evidence from the online P2P lending market [J]. Information Systems & E Business Management, 2013, 11 (1): 141-160. Online Peer-to-Peer Lending: A Lenders' Perspective.

[32] H. R. Arabnia and A. Bahrami, eds. Proceedings of the International Conference on E-Learning, E-Business, Enterprise Information Systems, and E-Government, EEE 2008, pp. 371-375, CSREA Press, Las Vegas 2008.

[33] Terrorism Financing and the Risk of Internet-Based Payment Services in Indonesia

[J]. Counter Terrorist Trends and Analyses, 2017, 9 (2).

[34] Coleman, Annelie. Financial advice for farmers: bottom line – finance [J]. Farmer's Weekly, 2016 (16013).

[35] Booming P2P Lending Faces Reshuffle Under New Rule [J]. Current Digest of the Chinese Press, 2015, 4 (51).

[36] A Research on the Influence Factors of P2P Lending Market [J]. Advances in Economics and Business, 2017, 5 (1).

[37] Sitong ZHANG. The Disclosure of Exchange Information in Peer – to Peer Lending [J]. International Journal of Intelligent Information and Management Science, 2017, 6 (6).

[38] 艾金娣. P2P 网络借贷平台风险防范 [J]. 中国金融, 2012 (14).

[39] 巴曙松, 谌鹏. 互动与融合：互联网金融时代的竞争新格局 [J]. 中国农村金融 (24): 17 – 19.

[40] 陈华, 宋慧. 互联网金融是新型金融工具还是新的金融业态——基于与美国比较的视角 [J]. 亚太经济, 2015 (04): 31 – 36.

[41] 邓舒仁. 互联网金融监管的国际比较及其启示 [J]. 新金融, 2015 (6): 56 – 60.

[42] 丁柏铨. 中国互联网金融舆情监测与研究论析 [J]. 西南民族大学学报 (人文社科版), 2016, 37 (5): 151 – 157.

[43] 董微微. 基于异质性特征的互联网金融监管框架构建 [J]. 金融与经济, 2015 (2): 79 – 82.

[44] 樊云慧. 股权众筹平台监管的国际比较 [J]. 法学 (04): 86 – 93.

[45] 郭金龙. 互联网保险发展新阶段 [J]. 中国金融, 2015 (16): 50 – 51.

[46] 何光辉, 杨咸月, 蒲嘉杰. 中国 P2P 网络借贷平台风险及其决定因素研究 [J]. 数量经济技术经济研究 (11): 45 – 63.

[47] 洪娟, 曹彬, 李鑫. 互联网金融风险的特殊性及其监管策略研究 [J]. 中央财经大学学报, 2014, 1 (9): 42 – 46.

[48] 蒋海, 刘少波. 金融监管理论及其新进展 [J]. 经济评论, 2003 (1): 106 – 111.

[49] 金喆. 浅谈我国互联网金融风险与监控措施 [J]. 法制博览, 2016 (32).

[50] 李博, 董亮. 互联网金融的模式与发展 [J]. 中国金融, 2013 (10): 19 – 21.

[51] 李大治, 徐奕晗. 互联网理财对银行冲击的深层思考 [J]. 国际金融 (05): 66 – 69.

[52] 李慧, 宋良荣. 互联网金融风险的分类及评估研究 [J]. 电子商务, 2016 (12): 50 – 53.

[53] 李有星, 陈飞, 金幼芳. 互联网金融监管的探析 [J]. 浙江大学学报 (人文社会科学版), 2014 (4).

[54] 刘大安, 朱泽峰. 国际网络借贷的管理、运作与监管模式 [J]. 金融经济 (4): 65 – 66.

[55] 刘澜飚,沈鑫,郭步超.互联网金融发展及其对传统金融模式的影响探讨[J].经济学动态,2013(8):73-83.

[56] 刘再杰.互联网理财风险的本质、特征与防范[J].国际金融,2015(3):66-70.

[57] 卢馨,李慧敏.P2P网络借贷的运行模式与风险管控[J].改革,2015(2):60-68.

[58] 陆岷峰,汪祖刚,史丽霞.关于互联网金融必须澄清的几个理论问题[J].桂海论丛,2014,30(06):50-54.

[59] 路阳.互联网股权众筹及其风险研究[D].昆明:云南财经大学,2015.

[60] 罗培新.美国金融监管的法律与政策困局之反思——兼及对我国金融监管之启示[J].中国法学,2009(3):91-105.

[61] 吕雪.互联网金融模式研究[J].商场现代化,000(020):66-67.

[62] 马恋.互联网理财基金案例研究——以余额宝为例[D].广州:暨南大学,2014.

[63] 马运全.P2P网络借贷的发展、风险与行为矫正[J].新金融,2012(2):46-49.

[64] 莫易娴.P2P网络借贷国内外理论与实践研究文献综述[J].金融理论与实践,2011(12):101-104.

[65] 彭涵祺,龙薇.互联网金融模式创新研究——以新兴网络金融公司为例[J].湖南社会科学,2014(01):100-103.

[66] 彭岳.互联网金融监管理论争议的方法论考察[J].中外法学,2016,Vol.28(6):1618-1633.

[67] 邱勋,陈月波.股权众筹:融资模式、价值与风险监管[J].新金融,2014(9):58-62.

[68] 唐金成,韦红鲜.中国互联网保险发展研究[J].南方金融(05):86-90.

[69] 陶玲,朱迎.系统性金融风险的监测和度量——基于中国金融体系的研究[J].金融研究,2016(6):18-36.

[70] 王倩,刘桂清.我国网络金融监管的现状及政策建议[J].经济纵横(3):24-26.

[71] 王琴,王海权.网络金融发展趋势研究[J].商业经济研究,2013(8):55-57.

[72] 王雯,李滨,陈春秀.金融科技与风险监管协同发展研究[J].新金融.

[73] 卫冰飞.中美金融科技比较及思考[J].清华金融评论,2016(10):41-45.

[74] 吴晓光,曹一.论加强P2P网络借贷平台的监管[J].南方金融,2011(4):32-35.

[75] 肖曼君,欧缘媛,李颖.我国P2P网络借贷信用风险影响因素研究——基于排序选择模型的实证分析[J].财经理论与实践,2015(1):2-6.

[76] 闫真宇. 关于当前互联网金融风险的若干思考 [J]. 浙江金融, 2013 (12): 40-42.

[77] 杨东, 苏伦嘎. 股权众筹平台的运营模式及风险防范 [J]. 国家检察官学院学报, 2014, 22 (4): 157-168.

[78] 于寒. 互联网理财投资者权益保护问题研究 [J]. 南方金融, 2014 (8): 88-92.

[79] 宇璇. 网络金融的风险与监控 [J]. 金融经济, 2010 (18): 39-40.

[80] 张兴. Fintech (金融科技) 研究综述 [J]. 中国商论, 2017 (02): 17-20.

[81] 张玉喜. 网络金融的风险管理研究 [J]. 管理世界, 2002 (10): 139-140.

[82] 郑联盛. 中国互联网金融: 模式、影响、本质与风险 [J]. 国际经济评论, 2014 (05): 103-118+6.

[83] 周睿敏, 张文秀. 金融科技创新风险及控制探析——基于大数据、人工智能、区块链的研究 [J]. 中国管理信息化, 2020 (19): 33-36.

[84] 周宇. 互联网金融: 一场划时代的金融变革 [J]. 探索与争鸣, 2013 (9): 67-71.

[85] 刘国平. 电商金融的运作模式与商业银行的应对策略 [J]. 新金融, 2015 (8): 59-61.

[86] 尹志东. 电商金融的发展与风险分析 [J]. 时代金融, 2014 (006): 72-73.

[87] 刘玉. 电商金融的风险形成及其防范研究 [J]. 金融经济, 2015 (12): 119-121.

[88] 陈勇, 刘晓芬, 李波声, et al. 电商金融征信与电商小微企业发展相关性研究——阿里金融征信模式分析及启示 [J]. 福建金融, 2014 (12): 62-66.

[89] 刘玉. 电商金融下信用风险评价体系的构建——基于层次分析法 [J]. 现代商业, 000 (14): 147-148.

[90] 陈初. 对中国 "P2P" 网络融资的思考 [J]. 人民论坛中旬刊, 2010 (26): 128-129.

[91] 黄健青, 辛乔利. "众筹"——新型网络融资模式的概念、特点及启示 [J]. 国际金融 (9): 66-71.

[92] 吴晓光. 浅谈网络融资业务在我国的发展与监管 [J]. 浙江金融, 2011 (6): 31-34.

[93] 王盛. P2P 网络融资模式的风险管理 [D]. 杭州: 浙江理工大学, 2014.

[94] 郭帅. P2P 网络融资风险的系统性影响与应对 [J]. 金融理论与实践, 2014 (11): 63-67.

[95] 谢平, 邹传伟, 刘海二. 互联网金融的基础理论 [J]. 金融研究, 2015 (08): 1-12.

[96] 谢平, 邹传伟. 互联网金融模式研究 [J]. 金融研究, 2012 (12): 11-22.

[97] 李文红, 蒋则沈. 金融科技 (FinTech) 发展与监管: 一个监管者的视角 [J]. 金融监管研究, 2017 (03): 1-13.

[98] 魏鹏. 中国互联网金融的风险与监管研究 [J]. 金融论坛, 2014 (7): 3-9.

[99] 尹龙. 金融创新理论的发展与金融监管体制演进 [J]. 金融研究, 2005 (3): 7-15.

# 致　谢

　　衷心感谢恩师许均华老师高屋建瓴的指导。老师在金融多个领域的开创性实践，特别是知识渊博、儒雅风度的大师风范以及非常接地气的人文情怀深深感染了我，使我如沐春风，终身受益。

　　在博士后研究期间，我收获丰厚。感谢魏建芬董事长和曹博站长对我的关心和帮助，感谢其他各位老师对我的热心指导与帮助。同时，感谢各位杰出优秀同学陪伴这段难忘的求学生涯。

　　感谢我的团队，本文的很多工作基于他们的长期研究和实践成果。

　　最后，感谢我的家人在我学习期间给予的支持与理解。